小学六年，做孩子的成长规划师

周金萍　蔡宇瑶　著

中国妇女出版社

图书在版编目（CIP）数据

小学六年，做孩子的成长规划师 / 周金萍，蔡宇瑶著. -- 北京 ：中国妇女出版社，2022.1

ISBN 978-7-5127-2050-3

Ⅰ. ①小… Ⅱ. ①周… ②蔡… Ⅲ. ①小学生－家庭教育 Ⅳ. ①G782

中国版本图书馆CIP数据核字（2021）第208995号

小学六年，做孩子的成长规划师

作　　者：周金萍　蔡宇瑶　著
责任编辑：赵　曼
封面设计：尚世视觉
责任印制：李志国
出版发行：中国妇女出版社
地　　址：北京市东城区史家胡同甲24号　　邮政编码：100010
电　　话：（010）65133160（发行部）　　65133161（邮购）
网　　址：www.womenbooks.cn
法律顾问：北京市道可特律师事务所
经　　销：各地新华书店
印　　刷：北京中科印刷有限公司
开　　本：145×210　1/32
印　　张：6.25
字　　数：200千字
版　　次：2022年1月第1版
印　　次：2022年1月第1次
书　　号：ISBN 978-7-5127-2050-3
定　　价：49.80元

自 序

PREFACE

“双减”之下，如何轻松做智慧父母

我是一名北京市海淀区初中学生的家长，也是中国家庭教育学会宣教专委会的一员。通过这些年对家庭教育的观察和反思，我提倡：在小学阶段，家长要多关注孩子的身体健康、心理状态、行为习惯和幸福感，着重做好孩子品格、学习、才艺、运动、习惯、审美等方面的规划和培养。

2020年9月，女儿进入初中后，开始住校，所以我重新回归社会，并着手创作了这本书。其间我也到各中小学去讲课，同时开始做一些公益活动。

回首女儿小学6年的光阴，我总在想：自己给孩子培养了什么习惯？储存了什么能力？孩子读过什么样的书？交了怎样的朋友？走过哪些地方？而不是去回忆她才艺考了什么等级，学习成绩排名第几。

在全职陪伴女儿上小学的六年里，我亲眼看见一群一群天真活泼的小孩子，他们从一年级走入校门，不到两年或三年的时间，就出现肥胖、近视、早发育，或者满口“问题牙”，一脸“呆板样”。

我也看见一部分小朋友在小学阶段把课外时间规划得很好，他们无论是在文化课、才艺课，还是阅读写作或运动旅游方面，都是收获满满，给将来的人生打下了无比坚实的基础。他们在学业上也取得了很好的成绩，有的在小学毕业时同时收到几所学校的录取通知。在小学阶段，这些孩子的爸爸或者妈妈以“成长规划师”的身份，给了他们合理的指导和引导，所以他们把校内、校外的学习和生活安排得相得益彰，在宽松、快乐的环境里长大的同时，收获了他们应得的成果，这使得他们在今后的人生道路上走起来会从容淡定许多。

当我以一名作家妈妈的视角观察时，我会留心见到的每一位儿童，发掘他们现阶段成长的可能性或必然性；当我转换为教育者视角时，我会认真思考我见到的那些家长，他们的付出或不付出对于孩子成长的帮助或阻碍。

在我自己一心一意陪孩子走过小学六年的学习和生活之后，我从孩子的进步或失误中，也看到了自己好的和不好的做法对孩子的影响，所以在女儿步入初中后，我打算把这些一一呈现给大家，作为一个教育者对自己职责的反思，也作为一位全职妈妈对自己和社会提交一份可靠的答卷。

在此书中，我会从品格养成、文化学习、才艺素养、课外阅读、户外运动等几个大方面，给家长朋友们呈现孩子一点一滴的成长，最后在各板块中给出相应的合理性建议。

在大家看完这本书之后，我要向读者朋友们说几件事：首先，我们要接受我们的孩子有优点，但不是天才；其次，也许我们的孩子资质一般，却可以塑造。另外，在这个竞争激烈的时代，不要相信孩子“散养”会有什么奇迹。

本书通过小女和部分朋友的孩子的成长，来展示儿童课外自我学习的重要性，让家长们看到孩子成长的规律性和可塑性。这本书和我之前出版的那一本正好互补，希望家长朋友们从中收获自己正确的育儿方式，让自家宝贝成长更快乐、学习更轻松，而且实现课内、课外“双丰收”！

这本书中“从陪伴到培养孩子自主性”的育儿实例，正好与今天的“双减”政策所要求的家庭教育相吻合；我和女儿都从小学阶段那些陪伴的时光中收获了很多，这让现在我们对彼此都很满意。这也说明“双减”政策是孩子们内心渴望的，对他们有百益而无一害；家长可以做的是改变自己的教育模式，耐心引导孩子适应新的教育环境。

当今的社会是一个多元化社会，未来的世界充满不确定性、复杂性、不可预估性、不稳定性，那么家长应该怎样引导和推动才能帮助孩子适应将来的社会呢？

我们要转变家教思维、转化家长职能：从“身陪”到“心陪”；开创创新性育儿方法，教孩子新的学习理念，着重培养孩子摄取、提炼、重组知识的能力；多关注孩子并发现他的优势；激发孩子的内在潜能、开启他的优势效能；培养孩子终身学习的能力；培育孩子优质的品格和良好的学习、生活习惯。

总之，家庭教育是社会教育的主要组成，主要职责是教孩子如何适应环境，让他在新集体里能感到快乐，这样孩子才觉得生活很幸福，才会愿意去努力。家长要心中有目标，眼中有孩子和他的能力，用开放式育儿理念，培养孩子多元化能力、多维度价值观！

本书未详尽之处，家长可以扫描书封处的本人微信二维码，留言咨询。

周金萍

2021年10月

目 录
CONTENTS

第1章 培养孩子好品格、好习惯，养育更轻松

第2章
不放养、不焦虑，当好小学娃的学习规划师

第3章
心灵和人格的塑造离不开艺术的熏陶

第 4 章
热爱体育运动的孩子人生有韧劲儿、学习有后劲儿

第 5 章
做一个有心的家长，孩子一生受益

第1章

培养孩子好品格、好习惯，养育更轻松

小学阶段，家长陪伴孩子不只是教他们怎样学习文化知识，更多的家庭教导重点应该放在对孩子品格和习惯的培养上。只有把孩子的优秀品格和良好的生活、学习习惯培养好了，他们面对以后的学生生涯，甚至踏入社会才会游刃有余。

好品格带来好成绩

古人云：行有余力，则以学文。这说明，不管什么时候，孩子的道德品行，也就是今天人们所提倡的品格，总是要放在学习科学文化知识之前的。

孩子的品格培养属于情商方面的培养，不属于天性，所以家长在这方面可以使使劲儿。

女儿上初中后就住校了，有一天周末回家，告诉我她报了秋季运动会800米比赛。我听后很诧异，小学阶段从来没有参加过田径比赛的瘦小女生，怎么有勇气直接报长跑呢？

“你们是初一年级四个班比赛，还是全校一起比赛啊？”我不敢直接打击孩子的热情，又忍不住想了解一些情况。

“妈妈，我们初中所有年级一起比，因为我们班上只有9名女生，她们都不报800米项目，总不能让这个项目空着，我就报了。”

“你小学时从来没有跑过800米，连400米好像都不经常练吧？你看能不能跟老师说换成400米比赛，我怕你体力不够。”我不禁说出了自己的担忧。

“妈妈，您不用担心，现在离运动会还有一个月的时间，我今天晚上就开始练长跑，到时候体力肯定没问题。再说，我小学三年级时，您不也跳绳不行，因为我每年都报亲子双人跳，您最后不也练到了一分钟跳180多个吗？”听着女儿那么自信和坚定的语气，我只好放弃了劝说，打算安安静静地等待结果。

从孩子报名到开运动会，只有4周时间，并且我只陪她在小区里跑了一次，因为我有秋季过敏性哮喘。孩子后来在周末都是自己跑，不让我陪着。女儿每次回家都会提到自己在学校练长跑的事，我告诉她，拿不拿名次不要紧，重要的是锻炼好自己的身体，所以比赛那天不要有压力。

从老师发的比赛当天的照片和视频，我可以看出，学校的运动会规模很大，很多项目同时进行。由于疫情没有完全结束，家长不能进校观看。班主任随时报告比赛现状，据说女儿跑800米时，刚开始一直是最后几名，到第二圈她开始反超，最终拿下了初中组女子800米比赛的亚军。女儿当时身高不到一米五，整个比赛组里她又最瘦弱，校友们看到这么一个小不点儿不停反超他人，个个都站起来为她喝彩，那场面真是壮观。我看到老师抓拍到孩子冲刺的照片，流下了感动的泪水。

女儿参加学校运动会比赛

小学时，女儿一直没有参加过运动会个人比赛项目。我觉得有些遗憾，曾多次劝她报个人比赛项目，但她一直只报亲子跳绳。当时以为她没有勇气参赛，后来想想，孩子肯定是为了让我练跳绳，所以连续三年都报亲子跳绳。我那时身体微胖，而且运动起来就感觉呼吸困难，喘得厉害。为了不给女儿拖后腿，我随身带着跳绳。孩子上舞蹈课的时候，我就在中央芭蕾舞团的后院练习；送孩子上学后，我就在楼道里练；孩子写完作业，我们会到楼下去练。每次都是女儿跳1分钟，我接着跳1分钟，交替练习到筋疲力尽。我从一开始连续跳不到10个，练到了最多一次能连续跳180多个。

女儿那么勇敢地参加长跑比赛，还取得了意想不到的成绩，可能也跟我苦练跳绳这件事在她脑海里灌输的“勇气”的概念有关系吧！

记得女儿二年级时参加学校的图书义卖活动，买回一本童话书，当她看完之后，我们把它捐给了一个山区的留守儿童。学校的老师把拿到书的孩子一脸兴奋样的照片发给了我。女儿看到后说：“我们这样做太好了，我以后还要多买点书，快点看完了还寄给那个小妹妹，让她一直有书看。”从此，对那些留守儿童的关心便成了女儿生活中的小理想，她现在跟两位留守儿童做了笔友，还经常把自己劳动所得的钱捐赠给“关爱留守儿童”公益平台。

当初，我和几位邻居自发组织了给山区贫困儿童捐款、捐物的微信平台，坚持了三年多，后来我加入了北京青爱基金会“关爱留守儿童种爱计划”项目。做志愿者一年后，我觉得这个活动很有意义，就把女儿拉进了志愿者群，让她帮着给山区小朋友写信，用书信陪伴那些孤独的“小天使”。这件事看似会占用女儿的学习时间，但是，这些公益活动培养了孩子的仁爱之心，也是在给她创造关爱他人的机会。在替他人、替社会操心的同时，女儿的责任感和“能力感”得到了很好的提升。

孩子的“能力感”培养好了，有利于提升他的自信心、抗挫力，也有利于孩子乐观品格的形成。

金萍妈妈支招

孩子优良的品格除了自控力、主动性、仁爱、创造力、尊重他人和自己、情绪的稳定性以外，还有勇敢、宽容、诚实、接纳、谦虚和合作意识，等等。

家长该如何帮助孩子养成良好的品格呢？

首先，家长要看看自己的孩子已经具备哪些好的品格，对这些优良的品格，父母要多多肯定，让孩子充满自信。其他家人也要多多鼓励，让孩子继续保持。

其次，发现孩子欠缺一些优秀的品格时，家长要多引导，以身示范。孩子看到了父母好的行为，自然会慢慢受到感染，愿意去模仿。父母如果有坚毅的品格，不逃避难题，孩子会同样勇敢。

最后，家长要意识到，对孩子良好品格的教养，需要家庭成员一起努力。例如，培养孩子的“成长型思维”，即允许孩子失败，并能让他从失败中找到原因，变成下次尝试的经验。所有家庭成员在孩子失败时要站得高一点，帮他分析失败的原因，让他意识到一次失败不代表自己不行，只是方法欠妥，这样孩子会感到无比温暖，也会对自己更有信心，愿意再努力、再挑战。

●●● 规划小结 ●●●

孩子的品格培养包括道德启蒙、人格塑造、社会能力培养。在小学阶段，家长要尽早培养孩子优良的品格，这样孩子不管在哪个群体里都能适应，都会时刻感到快乐，不会厌倦生活和学习。孩子的好品格源于父母的言传身教，它启蒙于婴幼儿阶段，定型于青少年时期。家长不要让孩子只知道学习，只知道学才艺，而忽略了一生中更重要的东西——品格培养。

如何培养孩子的自控力

现在家长问我最多的问题是："我家孩子别的都好，就是不自觉，学习的时候总是忍不住要看手机，怎么改变这种情况呢？"我说："你可以把手机收走，替孩子管理啊。"家长苦着脸回答："不行啊，一把手机拿走，孩子就又哭又闹，更不好好写作业了。"

女儿上初中之后，在离家70多公里的地方住校。一开始我担心她不适应，但后来通过跟她聊天，发现她在学校生活很有规律。无论宿舍有多少同学赖床不吃早餐，女儿总是准时起床去吃，她说不吃早餐对身体不好。午饭后，女儿会一个人回宿舍睡一会儿，她说不管睡没睡着，休息一会儿下午上课才有精神。晚餐前，女儿总是跟一个高中的姐姐一起跑步。别的同学都早早就去食堂排队，女儿说排队要花半小时，几个800米都跑下来了，这样既锻炼了身体，晚餐还能多吃点。

老师们都说女儿在学校自控力表现得不错，该做的事总是积极完成，不能做的事从来不去触碰。上了初中之后，自控力好的学生真的让家长很省心。

孩子的自控力养成需要家长怎样引导呢？

首先，家长要教会孩子时间管理。尤其是上了小学之后，每天规定9点上床就得天天执行，节假日也不能破例。有一段时间，女儿总说睡不着；我想孩子的睡眠钟可能有点乱了，就让她看会儿书，但10点必须关灯。关了灯，孩子还是睡不着，我就坐在床边，帮她按摩，直到她睡着为止。那时候，我自己在准备考试，每天给孩子按摩完，就蹑手蹑脚地爬上床用手电照明接着看书。有一天，女儿知道我等她睡着了还要复习，她就不再闹了，到时间就安安静静地睡。慢慢地，孩子养成了睡前一定阅读，到了10点必须关灯睡觉的好习惯。

其次，在孩子很小的时候就可以开始“延迟满足”训练。如果女儿看上一件东西，周围的小朋友都有，但不舍得借给她玩，她又非常想要，我一般会答应给她买，但我并不马上下单。总要等上一段时间，或等孩子再次提出想买，我才买给她。

记得女儿上一年级时，别的同学都买了平衡车，满小区地跑着玩，她很羡慕，也想要一辆。我看一辆车要将近2000元，又不让骑上马路，没必要买，就一直拖着没买。后来邻居家的一个小姑娘把车借给女儿玩了一会儿，孩子一会儿就学会了，而且一次都没有摔倒过。我当时很佩服女儿的运动能力，动了给她买车的念头，但又想不到一个合适的理由，就搁置了。到了暑假，孩子要考中央音乐学院的初级音基，学得很辛苦。看女儿有点想放弃音基考试，我就给她许诺：如果你好好学，考完音基，就给你买一辆平衡车。孩子如愿得到了平衡车，很诧异地说："妈妈，我以为您要等成绩出来才给我买呢，没想到您真的考完就给我买了。"其实我的本意是鼓励孩子认真对待"学音基"这件事，而且想延迟满足她的"非紧迫性"需求。

为什么要用延迟满足来训练孩子的自控力呢?

这是为了让孩子知道不是自己想要什么东西就能马上得到，他们要学会控制自己的欲望、控制自己的情绪。如果孩子从小就知道这么做的必要性，那么，他在学校就知道要控制自己的行为，遵守学校纪律，也知道上课要专心听讲，久而久之，孩子会慢慢养成良好的自控力。

在这个时代，家长普遍的困惑是怎样让孩子少玩或不玩手机，但孩子又不可能真正离开手机。那么，家长在玩手机这件事上怎么训练孩子的自控力呢?

初一时，女儿是下午3点从家出发返校，而我每天都有午睡的习惯。我就让孩子下午上一会儿网课，毕竟孩子在电脑上跟老师互动，总比她一个人玩游戏好。我猜到女儿趁我睡觉时在上课时间会看看微信，但她说要拿手机拍课堂上的重要内容，以便写笔记，所以我没有强迫孩子交出手机。大概过了一个月，女儿提出要看看网课回放，说自己上课时经常给同学回复微信，有些知识没有听到。那年国庆节，女儿把自己关在房间里看了几天课程回放。此后，女儿不管上课还是写作业，都会主动把手机拿出房间。

孩子的自控力毕竟有限，家长要注意让孩子学习时把手机放到书房外，以减少一些干扰他们学习的诱因。

提高自控力就好比肌肉训练。我们对孩子可以从小事开始，逐渐训练，让孩子在儿童期大脑的“执行—控制”能力得到发展，提高自控和自我管理能力，让自控力“肌肉”越来越有力量。坚持自控力训练，可以给孩子未来的学习和一生的发展打下良好的基础。

金萍妈妈支招

第一，在培养孩子的自控力时，家长要关爱孩子，不动声色地观察孩子，发现他做得不好时，不要急于批评，而要给出具体措施，让孩子心服口服。

第二，家长最好让孩子在幼儿时期就养成“令行禁止”的习惯。比如，吃饭时不喝饮料，不光平常这样，节假日也不例外，即使有人劝说也不破例。让孩子从小就知道：家庭有家规要遵循，学校有校规要遵守。

第三，孩子做得好时，家长要表扬；做得不好时，家长要惩罚。比如，孩子打骂了同学，家长要用“同理共情法”，让孩子反思、道歉。如果孩子想要的东西没有及时得到满足，就大哭大闹，满地打滚，家长可以用“暂停法”，让他先到一边待着，等他冷静下来再给他指出错误之处，也可以用“取消特权法”，让孩子失去一些日常生活中的权利。总之，让孩子知道自己的错误，多惩罚几次，他自然会记住教训，知道什么可以做、什么不可以做。

规划小结

家长要想培养孩子的自控力，首先要注意自己的言行。不能对孩子做整体性评价，要就事论事。不要拿自家孩子跟别人横向比较，孩子只要比以前进步一点点，家长就要及时肯定和表扬。家长和孩子之间要建立良好的情感联系，让孩子知道家长对他的爱、愿意平等对待他，真正尊重他。家长在训练孩子自控力方面，要宽严有度。最重要的是，家长要做好自我表率。如果自己都没有自控力，怎么能要求孩子有多好的自控力呢？

心理学家艾莉森·高普尼克说过：“你是什么样的人，你跟孩子关系怎么样，比你对孩子怎么做要重要得多。”

如何教育和陪伴孩子真的是一门艺术活儿。世界每分每秒都在变化，育儿问题也日新月异，家长与孩子同行时，要经常反省、思考，找出一些适合自家孩子的方法和技巧。

如何培养孩子的学习内驱力

经常有家长朋友跟我抱怨说：孩子写作业拖拉，明明1个小时能写完的，非拖上两三个小时，每天把下楼运动、阅读的时间都消磨掉了；还有的说自家娃在学习上跟父母讨价还价，稍微取得一点进步就要奖励，而且胃口越来越大；甚至有孩子放学后先不写作业，非等父母下班了陪着才能写。为什么本来是孩子自己的学习任务，到头来他们觉得是在替家长完成呢？

一般来说，孩子对自己的学习不上心、写作业不积极，可能是他没有找到自己的兴趣点，内驱力不足。如果孩子觉得写家庭作业是在完成任务，是给家长干活儿，那么他会很不情愿。

也有可能是家长在孩子的学习上没有掌握好外部奖励与激发孩子内驱力之间的平衡。对孩子来说，外部奖励一开始有效，但是时间长了，他对物质奖励就会失去兴趣，而且大部分家长也许没有想到孩子在当前的阶段到底想要什么奖励。

还有一种可能是家长在最初陪伴孩子写作业时，对于“主导权”的过渡没有做好。在孩子刚刚上学时，家长确实需要在旁边陪伴他写作业。记得女儿刚上一年级时，很多字都不认识，写作业时要靠我给她读题，她才能知道怎么答题。那时，我在陪孩子写作业的过程中是主导地位。等孩子大一点后，她学会了很多生字，而且自己会记下老师布置的作业了，我只需每天晚上提醒她完成那些作业，给她签字就行。三年级以后，我开始让孩子慢慢学会自己独立完成家庭作业。她写完作业，如果不主动找我签字，我从不去问她，等第二天老师批评她，她就记住了教训：写家庭作业是她自己的事。

怎样培养孩子的内驱力呢？我觉得因人而异，每个孩子的个性不同，培养内驱力的方法也不一样，但是只要家长肯用心，总能找到适合自家孩子的方法。

女儿大概从小学二年级起就说自己想当老师，这样就可以给学生判作业，可以用红笔画钩。我知道她的小理想之后没有嘲笑，而是给她买了小习题练习册，让她做完了自己对答案、判对错。“自己打对钩”这一点很吸引孩子，所以她写完学校作业后还会自己练题。为了支持女儿的理想，激发她的内驱力，我还为她准备了三块黑板：一块是立式的，分黑、白两面，在她上幼儿园时买的，主要用来画画；一块是小尺寸的，主要是放在车上用，有时候画画，有时候算数、写字；还有一块是挂在儿童房墙上的，她说那是她讲课的专用黑板。从小学到初中，女儿都会躲在房间里把课堂知识重新讲一遍。孩子自己做了一本花名册，上面写了各种各样的学名，她经常把这个花名册拿出来记录学分，搞得自己像个专业的老师。孩子做这些我从来不怪她浪费时间，因为我知道，孩子的心中已经种下了一个教书育人的理想，今后为了实现这个理想，她会全力以赴地学习，这是孩子成长的内驱力，很宝贵。

闲暇的时候，我会专门等女儿讲课的时候去敲门，告诉她，我想听课，就像到她们学校实习的那些老师一样，需要跟着有经验的老师学习讲课本领。这时，孩子很高兴，会爽快地答应我的要求。坐到黑板前面，我正好可以考察一下女儿学到的知识和她掌握的程度。偶尔我会故意举手提问，提出质疑，启发“蔡老师”去思考。孩子顺着我的提问，往往要花更多的精力去找答案；她还要争取把每堂课备得足够丰富，积极准备讲课的资料，这些无形之中又会促使孩子去把课本知识拓展开来，这实际上是很好的“以教促学”的自学方法，也是在培养孩子的内驱力。

女儿从小就知道，如果作业不在晚上8点之前写完，是不可能下楼玩1个小时的，所以，她放学回家的第一件事就是写作业。女儿写作业从来不出来喝水或上厕所，更不会把零食拿到房间去吃，说那样会把作业本弄脏。当有邻居问女儿写作业快的诀窍时，我会当着孩子的面把女儿的这些好习惯告诉邻居，让他们回家也试试。这其实是一种精神奖励，让孩子知道自己做得好，能被邻居赞扬，也会被小朋友学习。另外，女儿独自完成的作业经常被老师评优，我会在第二天特意拿出那些作业来表扬孩子。这时她会有一种成就感，因为那个“优”是她一个人的成果，并没有家长的帮助。

金萍妈妈支招

首先，发现孩子的兴趣点，巧妙地去激发孩子的内驱力，这样孩子在学习上会更积极。家长要少给孩子灌输知识，以便让他们去主动寻求自己需要的或感兴趣的知识，这样可以培养孩子自主学习的能力和思考能力，这是培养孩子内驱力的基本方法。

其次，培养孩子学习的愉悦感、成就感，是培养内驱力很好的一种途径。家长要尽量在孩子小学时就让孩子体验到学习的乐趣，比如，可以先陪孩子一起阅读，把共同阅读过的书经常拿出来讨论、演练一番，也可以买一些孩子喜欢看的书里面出现的玩具、衣服。我的一些读者，在孩子看过故宫系列的书之后，特意带孩子到北京来游览故宫。

最后，适当给予孩子物质奖励和精神奖励，培养孩子的自主感、胜任感，也是培养内驱力的另一种办法。不过，物质奖励要注意强度和频率，最好以精神奖励为主，物质奖励为辅。

最重要的一点是，家长需要及时帮助孩子树立适合他的小理想，也就是依据“就近发展区”原理给他设立目标，让孩子稍微努力一下就能达到，让孩子不断体验到成功的喜悦，这样他很有成就感，更愿意去好好学习科学文化知识。

●●● 规划小结 ●●●

要激发孩子的内驱力，家长切忌轻易夸自家孩子聪明。“聪明”这个词会限制孩子挑战困难的决心。我们可以夸孩子很努力，也可以说孩子很认真，这都是在肯定他的学习和生活态度，也是培养内驱力的前奏。在激发孩子内驱力方面，家长还可以帮孩子“筑梦”，让他们觉得学习到知识之后很有用、很有意义。

培养孩子良好的学习习惯，家长省力又省心

经过三个多月的疫情延学期的磨炼，女儿的自我管理和管理小组能力更加长进了。每天都是上午8点开始观看北京市的空中课堂内容，中午12点之前一定要提交小组作业，尤其是数学，班主任老师比较严厉，女儿怕耽误交作业，她单独建了一个小组群，群里只有他们6个同学，这样方便催作业、讨论问题。

女儿每天第一个完成作业，然后发在小组群里，跟大家讨论；随后她开始催女生交作业，接着催积极一些的男生交作业；要是同学有不会做的作业问她，女儿也会不厌其烦地给同学讲解；对于爱玩游戏的一名男同学，女儿采取各种方式，每天基本在11点半左右能把作业催上来。

我曾经以为，这种形式的课女儿会应付不下来。还有，女儿作为小组长，疫情期间要负责收作业，传达各科老师的学习任务，其他组原先的小组长干不好，都是中队干部来负责的，唯独女儿还能撑下来，而且她自己的学习兴趣也提高了不

少，管理能力比以前在学校还强了很多。

到了六年级，回头看看我对孩子学习习惯的培养，真是没有白费功夫。从一年级开始，我就坚持让女儿晚上洗漱之前，按课程表收拾第二天上课要用的物品。他们的课程表一学年都不变，所以一开学老师发了课程表之后，我们就写下来贴在书桌前，女儿按课程表收拾学具、美术用具、书法用具等，我一般都不插手。因为画笔、蜡笔、彩铅有好几种，而且孩子很执拗，什么东西放在哪里、按什么顺序摆放，都是固定的，她不让人随便乱动。孩子每周四晚上8点有芭蕾舞训练，回家就到了上床睡觉的时间，有几次因为贪玩而忘了收拾书包。有一次女儿忘了收拾书包，第二天我不动声色地把她送到学校，她下车的时候，我其实想起来她没带英语书，我故意没提醒她。我知道女儿英语不错，偶尔一节课不带书不会影响她上课，但是，英语老师会给课堂上表现好的同学在课本上盖印章，这些印章到了期末可以换礼物，女儿很重视这些，所以英语课堂上回答问题很积极。为了让孩子记住不带课本的代价，我那天忍住了。女儿一到三年级基本每学期的印章数量都是第一名或第二名，到了四年级，是该让她受点打击了。

“妈妈，我没带英语书，您也不提醒我，今天的印章一个也没盖上。”放学时女儿见我就开始抱怨，我若无其事地说：“你没带英语书，怎么会呢？”“昨天晚上不是跳舞回来还做作业了嘛，就放在沙发上忘了装进去。”女儿懊悔得不得了，我心里偷偷地乐：“看你不长记性。”

除了这次忘带英语书，女儿五年级时又落了一次语文书。那是班主任教的课，我怕老师不知道孩子没带语文书，还特意发信息给她，说孩子居然不带课本上课，让老师好好说说女儿。果不其然，女儿被责问了，回来问我：“妈妈，我今天忘了带语文书，您回家就能在沙发上看见，怎么没想到给我送一下？”我于是又做出无辜状，缓缓地说：“那是你的事，再说等我发现，也来不及送过去了，你们今天第二节就是语文课，我买完菜回来都九点多了，送去也不管用。”其实我发现孩子没带语文书后，如果马上送过去也是赶得上的，但是，我不可能永远替孩子善后啊！有了教训，孩子自然会记住代价、自然会长进。

在女儿写家庭作业上，我也曾经伤透脑筋。小时候都有口算题，孩子算完了总要求我给她检查一下，我刚开始总是帮她。到了二三年级，我发现女儿考试时总是有计算失误丢分的题，我就问她检查没有，她说不想检查，太费时间。我跟她说：“你看，医生不管开了什么药，当他准备盖章的时候，总是要再检查一遍的，你知道是为什么吗？”“怕开错了，让病人吃出毛病呗。”女儿不在乎地说，“反正我长大了又不当医生，跟它较什么劲？”

女儿的家庭作业，英语和语文我是一直不操心的，从来不帮她检查。看到孩子对待数学作业满不在乎的样子，我开始反省自己一直帮她检查，而她却没养成做完题检查的习惯，做数学应用题更是没有养成思考、分析的习惯，一上来就写答案，怎么会不出错呢？到了四年级时换了一位数学老师，女儿很喜欢这位老师，她希望得到老师的表扬。于是，我开始学习习惯培养计划。开学一周后跟女儿约定，只检查应用题的算式，不管最后结果的对错，主要是盯她的思路是否正确。女儿同意了，开始小心地检查计算题，几乎从那时起，女儿在计算小测验或单元测试中，计算题就很少丢分了。到了第二学期，我那时正在写一本书，时间很紧迫，所以干脆连应用题也不帮她检查了，那段时间女儿的数学练习册做得很差，有些单元测试还得过“待合格”的成绩。老师找我谈话，我如实地说了自己的想法：孩子的数学我一直盯着，她现在产生依赖了，做应用题都不思考，老说自己不会，总让我给她讲题，一看题做对了，到学校老师讲的时候她又不虚心听，一到考试还是出同样的错。老师很理解也很支持我的做法，还让孩子做了数学课代表助理。能帮老师干点小事，女儿很开心，对数学也越来越上心了。所以从那时起，我对女儿的家庭作业就完全撒手不管了，每天签字时只问她是否做完老师要求的题，不过隔一段时间我会悄悄地拿孩子的语测和数测以及作业本看看，看一下她的正确率和老师的评语。

为了培养女儿的自我学习能力，我从一年级起就让她写阅读笔记，刚开始只是摘抄好词、好句，后来会写作文了，就要求她写读后感。从二年级起，带她出去旅游，我都会要求她写旅行日记，这些日记给孩子储备了一些写作素材，她也养成了动笔的习惯。我不要求孩子每天都写日记，太小的孩子每天写的话，的确也没什么可写的。三年级的寒假和暑假，我都曾请语文老师单独给孩子布置写日记的任务：寒假10篇以上，暑假20篇以上。女儿曾问我为什么老师单独要求她写，而没有让全部同学写，我说老师希望她语文和作文更好。功夫不负有心人，四年级时女儿期末语文考了全年级第一的好成绩。

大概三年级暑假，先生特意给孩子买了一部手机。那时我想，要发挥手机的正能量，就要用得其所，所以语文作业里要求查资料的话，我就鼓励孩子自己去百度上搜索。一开始，女儿需要一个字一个字地打上去，正好可以练练拼音，后来孩子发现可以用语音查询，她就犯懒，不用拼音输入了。那段时间，孩子的汉字很多都忘了怎么写，老师布置的语文作业都是用手机查找答案，语文成绩明显下降。我帮女儿分析找到原因之后，要求她五年级写作业时不用手机查找答案，果然她的语文能力提升了不少。

这些习惯的慢慢培养，使女儿可以在六年级自主、高效地完成学校的学习任务，还可以适当地帮助同学，的确是不负所望，我心甚是欣慰。

从下面的图片可以看出，孩子养成良好的学习习惯很重要：无论有老师还是没老师在身边，孩子都可以专注地学习。

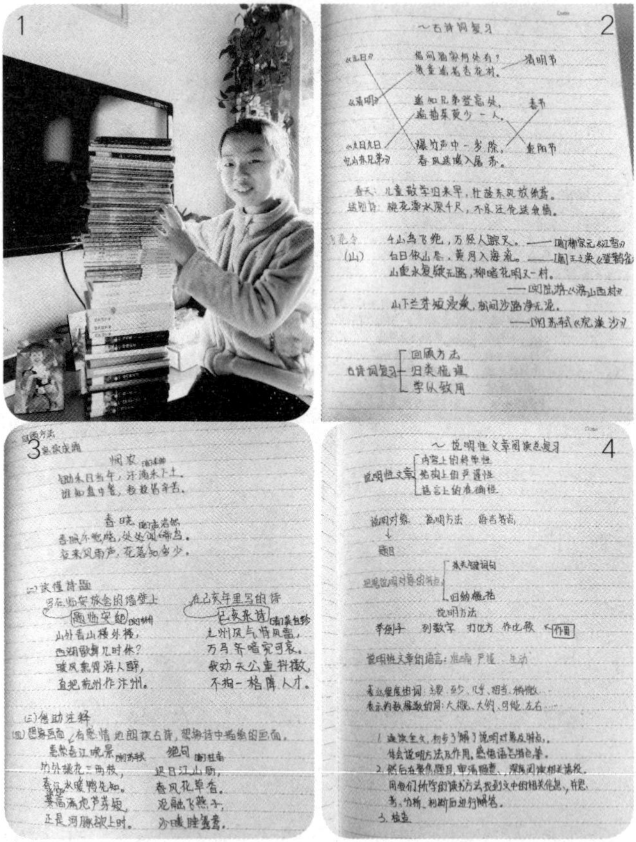

图1是女儿在2020年春季居家学习期间阅读过的书籍展示，后面三幅图片是女儿居家学习期间做的语文笔记。

金萍妈妈支招

为了培养孩子良好的学习习惯，家长可以从以下四方面入手：

1.培养孩子每天自己准备学习用品的习惯。

2.培养孩子独立完成家庭作业的能力（家长不帮孩子检查作业对错，只看作业量是否完成）。

3.鼓励孩子写游记、读书笔记，为提高语言能力、写作能力和理解能力做好准备。

4.让孩子恰当使用手机，养成自己查找学习资料的习惯，但不能让孩子过分依赖电子产品。

规划小结

很多学生到了小学中高年级，无法独立完成家庭作业。有些家长自己辅导不了，就直接送托管班，让孩子写完作业再回家。但据女儿所说，有些孩子在托管班都是抄别的同学的作业，或者托管班老师会直接告诉他们答案，一旦养成这样的坏习惯，到了初中、高中作业量更大时，肯定是无法完成作业的。所以，家长要重视培养孩子独立完成家庭作业的能力，不能把这件事推给托管班老师，更不能指望孩子自己“水到渠成”。

培养学习能力比短期的学习成绩更重要

众所周知，北京2020年的小升初各校没有任何形式的笔试，尽管当时很多家长让孩子参加了校外机构的小升初考试冲刺班，后来各大培训机构又推出了“名校分班考”培训课程。这两次冲刺培训耗费了孩子们大量的时间和精力，在上初中前有近半年的时间，他们都沉浸在各种题海中，完全没有时间去梳理自己在小学里学过的知识。

有个女生，家长希望她小升初时考上区重点学校，于是大概从四年级起就给孩子报了各种培训班，尤其是到了期末，她还上期末考试冲刺班。在平常的考试中，孩子的成绩如果没有达到95分，回家就得挨打。这个女生平时特别焦虑、紧张，有压力了就习惯咬自己的右手，每次看见她，右手的食指和中指都是又红又肿的。我曾亲眼看见这个女生因为没考好在校门口号啕大哭，问清楚缘由之后，我给她妈妈打了一个电话，委婉地说了自己的一些建议。在那之后，有一次我见到孩子的奶奶，我跟她说：“这孩子很勤奋，又爱阅读，成绩肯定差不了，不要给她那么大压力。”

女儿的成绩在小学不是很拔尖。在英语学习方面，因为学校老师的教法很新颖，加上我帮她做了一些英语学习规划，孩子平常爱看、爱听英文绘本，所以考试多数能拿满分；语文偶尔能考第一，多数时候也是不显山不露水；数学学得不是特别好，数学应用题经常丢分。我曾羡慕过那些语、数、英三科考了双百或三百的孩子，后来一打听，他们都是在外面机构上过培训班的。我和女儿就这个问题也讨论过，语文、数学都是女儿靠自己能力学的，以后有拓展和进步的空间；英语水平也不差，只要一直重视，肯定能学得更好。于是孩子特别有信心。

小学六年，在语文学习方面我没让女儿做过阅读理解题、试卷，也没有刻意训练过她的写作，只是不断地推荐一些书给她阅读。

我给女儿买了小学的所有数学课本，不是让她提前学，而是等她学完一个学期，把旧课本收起来，拿出新课本让她做，看看到底有哪些知识没有掌握。这么做是为了检验孩子的校内知识的吸收情况，还有一个原因是女儿在班里年纪小，理解能力差，比同班同学接受新知识能力弱一些。当时学的时候有些地方不理解，学过之后，人长大了半岁，再去复习或许就能理解了。所以我会让她到了五年级要复习四年级的数学知识，在六年级假期复习五年级的知识，这样她复习时领悟力强了许多，复习效果很不错。进初中之前的暑假，女儿还要复习小学六年级的数学，所以那些小升初、分班考的培训班，我一个也没让她上。

女儿利用六年级第二学期的时间复习完了小学数学，把所有数学笔记又重新整理在一起。进初中学校摸底考试之前，我就让孩子把自己的数学笔记全部看了一遍，没有刷题。结果她说考的数学题特别简单，她都记得所学的数学公式。在语文方面，我们还是一如既往地阅读，不过后来读的都是成人版的外国名著，也读了半文言文版的《红楼梦》《三国演义》《儒林外史》等。在英语方面，孩子一有空就看英文电影，有一个系列的电影“哈利·波特”，女儿反复看了三四遍，后来干脆买了英文原版的小说来看。

俗话说“授人以鱼，不如授人以渔”。小学阶段，培养孩子的学习能力，比帮孩子提高短期内的学习成绩重要得多，就好比小时候一个劲儿地给孩子喂饭，他也许还没有那些自己用手抓饭吃的孩子长得壮实呢！

金萍妈妈支招

无论孩子是否在上培训班，要想他当下学的知识对今后的学业有所帮助，家长应该着重培养孩子在这门学科上的学习能力，这包括孩子自主完成家庭作业的能力、知识重组和拓展的能力。在语文学习上，我很不赞成孩子去上阅读和写作培训班，这种课短期内能提高孩子的考试成绩，但对孩子的文学修养提升没有半点帮助，有点费力不讨好。孩子写不出来是因为他输入少，如果注意培养孩子的自我阅读能力，他输入得多了，到一定程度，自然就有话可写，有观点可以抒发，这是一个“水到渠成”的过程。

家长应该适当督促孩子独立完成老师留的作业，而不是去帮助他完成；还可以把孩子的情况如实反映给老师，请老师帮助孩子、鼓励孩子，直到孩子跟上老师的教学节奏。英语学得好的孩子，一般到一定阶段就可以自学了（比如阅读英文原版书籍、跟同学进行英语会话等）。

● ● ● 规划小结 ● ● ●

判断孩子上课的效果，家长要看他能不能独自去学这门课，孩子是否很期待上这门课，孩子能否自己独立完成老师布置的作业，以及孩子学到一定程度后有没有能力自学这门课。如果能够独立跟随校内老师的节奏，自己能重组学过的知识，这就说明孩子的学习能力有提高。如果孩子能把自己学过的知识进行拓展，用在其他领域，这便是学习能力很好的表现。家长不要只看孩子短期内的学习成绩，而不去关注和发展他的潜力，不去培养他的学习能力。

生存教育，让孩子临危不乱

2020年疫情期间，我和女儿共读的书有《平凡的世界》《鲁滨孙漂流记》《汤姆·索亚历险记》《尼尔斯骑鹅旅行记》《格兰特船长的儿女》《格列佛游记》《万般滋味，都是生活》。其中对我们影响最大的是凡尔纳的《格兰特船长的儿女》，女儿感兴趣的是那群有趣的人去解救格兰特船长的经历，而我却很好奇格兰特船长是怎么教育和影响他的儿女的。这本书我很早就有了，但一直没有兴趣看下去。见女儿看得津津有味，等她看完，我也迅速看起来。女儿的一位男同学二年级时就看了这本书，我当时还奇怪，小孩怎么会喜欢这本书？回头看看，且不说里面的地理和航海知识，光是那些精彩的场面——红狼群的围攻、洪水的泛滥、大树上的生存、被歹徒算计追杀、被新西兰土人捉住等，就很吸引人。最吸引人的是各个人物都有鲜明的特征，尤其是小罗贝尔·格兰特，这个男孩太让人喜爱、佩服了。

格兰特的儿子罗贝尔虽然只有9岁，但他能骑马、能打猎，能在“邓肯号”上像个船员一样工作。这孩子还很善良，有主见，当他和爵士以及向导被红狼群围攻之际，他表现得很勇敢，并不需要爵士额外安慰他；当爵士和向导争着要做出牺牲之时，小罗贝尔出人意料地骑着马去引开了狼群，最后又顺利地奇迹般脱险。

看到小罗贝尔的故事，我很震惊：一般9岁的小朋友还在爸妈身边撒娇呢，不说9岁的小朋友能不能像小罗贝尔一样能干，光是在危急时刻能替别人着想并迅速采取行动这一点，就很了不起。

令人欣慰的是，在2020年那场疫情蔓延之下，也出现了很多像小罗贝尔一样勇敢、独立的小朋友。湖北的一家五口，有四个大人都检查出被新冠病毒感染了，只有一个12岁的小朋友没事。这个小男孩，曾经因为没有亲戚可以照料他，也不想去别的隔离点，一个人生活了20多天。在这漫长的时间里，小孩一个人练钢琴、上网课，自己做早餐、烧开水。我把这个故事告诉女儿，后来她又读到了罗贝尔的英勇事迹，所以在疫情期间她的进步也不小。

在那个延学期，我发现很多家长都在培养孩子的生活自理能力，家长去上班期间，会让孩子自己做午饭，独自在家中上“空中课堂”，也有的家长很注意锻炼孩子的运动能力，他们带着孩子在小区跳绳、跑步。有一个朋友自己每天跑10公里，女儿也跟着跑四五公里。我则是重点锻炼女儿的胆量，刚开始让她单独睡一个房间，慢慢地鼓励她自己下楼去小区锻炼，不过我们事先演练过遇到危险时的回家路线或联系方式。

在生活上，我教女儿烧开水、做简单的饭食、洗衣服、打扫房间。因为疫情中有熟悉的人离开了，我顺便结合我们看过的书和电影，给孩子讲了生和死的自然规律，并教她一些在农村、野外生存的常识，告诉她不要惧怕困境和危机，这些天灾人祸是人生必然要经历的事情，所以要在平时掌握本领，让自己变强大。

金萍妈妈支招

女儿进初中就住校了，一开始挺不适应，老是生病。那时她想放弃住宿，要求走读，后来我劝她，你们同一届就有90多个新生，他们都跟你一样第一次离开家、离开父母的呵护，你和他们都是站在同一起跑线上的，每个人都要去适应环境。让自己在比较严酷的环境里不被淘汰，并且生活得越来越好，这也是一种成绩。如果别人都坚持下来，而你退缩了，那么你就被远远地甩在后面了。后来女儿慢慢学会了团结室友，一起按时睡觉、互相帮助，知道了身体不舒服去找校医，懂得了小病可以不吃药，让身体自愈。

有的孩子去上大学了，因为疫情关系，学校不让家长进校，大学生的家长们都急得不得了，怕孩子这不会弄，那打理不好，怕孩子吃不惯、睡不好。殊不知，这其实是一个很好的让孩子自己面对生活、面对困境的生存教育机会，平常再怎么苦口婆心地说教，孩子的体会都不深刻，不如用现实题材来教，让他更有体会。

●●● 规划小结 ●●●

危机和苦难是最好的教育契机，如果家长能恰当、适时地对孩子进行生存教育，让他们遇到突发事件和灾难时临危不乱，让他们在逆境中得以坚强地活下去，这比给孩子留下很多遗产或逼孩子学才艺、考高分更有用！

孩子总是丢三落四怎么办

女儿上小学时，我每天亲自送她到校门口，总能看到一些孩子在学校旁边的小摊上买小黄帽、红领巾或者队徽，也能看见家长送孩子到校后立即风风火火地返回家去，给孩子拿书、拿水杯，让孩子在校门口等着。有一次，一位妈妈不愿回去给孩子拿水，自己又没带手机和钱，最后是找我帮忙支付的。我家离学校走路得15分钟的路程，加上等电梯，来回得花40分钟。想起来，我真的很庆幸女儿没有这些丢三落四的毛病，要不然，一节课都耽误了。

女儿从上学以来，没丢过水杯、衣服、小黄帽；从入队以来，没丢过红领巾、队徽，甚至连橡皮都很少丢。从幼儿园起，孩子书架上的书都是按顺序放的，永远不改变。几百册绘本的顺序她是怎么记住的，这是个谜。我嫌她太讲究，她总跟我说："妈妈，我有强迫症。"

有一次周五下午，女儿参加民乐团的排练，她把水杯落在排练室了，一路上后悔不迭，一到家就让我给老师发信息，晚上睡觉时还担心水杯找不回来了……直到后来把水杯拿回来，她才松了一口气。女儿属于用物品比较仔细的孩子，她到小学毕业一支钢笔都没用坏，书包也只换过一个。

有家长问我是怎么培养孩子收拾物品的能力的，我没有刻意做过什么，只是以身作则，遇到问题及时改变教育策略而已。

首先，我自己爱整洁、不乱扔东西。每次孩子回家之前，我尽量把东西收拾好，不让她看到屋里一片狼藉的情况；送孩子上学不管多早，我都要把自己收拾妥当才出门。以前每次在家搞卫生，我都是先扫一遍，再拖一遍，接着用84消毒水再擦一遍。我家的地上只要掉了东西，我们都会马上捡起来；我们家的沙发和床上也是尽量收拾得整整齐齐的，从来不乱堆东西。

其次，让孩子管理自己的学习用品和书柜。红领巾、小黄帽专门放在书包的哪一层，都是固定的；孩子睡觉之前一定要收拾好第二天上学的学习用具，否则第二天早上着急出门，收拾起来肯定手忙脚乱，容易忘记物品。我给孩子准备了两个书柜，都是让她自己收拾管理书籍，那些绘本无论多少本，她都记得顺序，看完一本放回去的时候，她从来不打乱顺序。学校发了队徽，我怕女儿乱丢找不到，就叫她把队徽贴在冰箱上；文具盒的外层也放一个备用，这个习惯一直保持着，所以别的同学没有队徽了，都会找女儿借。

最后，让孩子学会对自己丢三落四的行为负责。有一次我送完孩子回家发现孩子的语文书没带走，当天的语文课是第二节课，其实帮她送过去是来得及的。女儿的语文老师就是班主任，她从一年级起一直带这个班，女儿很怕这位老师，我是知道的，所以我想借此机会让孩子长点教训，狠心没给她送过去。后来接孩子时，我问她没带语文书的后果，孩子说受了惩罚，问我为什么没给她送，我说这是你的事，从那之后孩子再也没有忘记带课本。还有一次，女儿的英语试卷要求家长签字，那天晚上孩子虽然跟我说了，但她没有把试卷拿给我，我就忘了签。第二天送她上学的时候，我在车上想起了这件事，但我没有提醒她，就是想让她长个记性。试卷不签字就得不到印章奖励，会影响期末兑换小礼物，孩子很在意得到印章奖励。

最重要的是要让孩子知道她浪费的东西到底值多少钱。比如，女儿喜欢吃海苔，那种小袋的进口海苔一袋大概16元，促销的时候10元钱左右，所以当她偶尔把水杯落在学校后，她问我水杯要多少钱，我告诉她大概能买五袋促销的海苔，她听了后心疼不已。

我和孩子去旅游时，我们都没丢过东西，女儿甚至经常帮同行的小朋友看着东西，一旦发现她们忘了带走自己的物品，女儿会及时提醒。

金萍妈妈支招

孩子早晚要出去单独生活，有的到了初中、高中要住校，一周回家一次；等到上大学了，可能几个月，甚至半年才能回家一次；出国留学的孩子离家的时间就更长了。如果孩子在小学就养成了良好的管理物品的能力，那他的住校生活就会减少很多麻烦，他就能把更多的时间和精力用在学习上。

孩子上中学以后，很多朋友对我把孩子送去住校这件事感到困惑，因为我一直提倡要多陪伴孩子，并出版了《做距离孩子最近的妈妈》，一直都跟孩子形影不离，怎么就突然让孩子住校了？其实在前面12年的陪伴中，我一直是在潜移默化地培养女儿独立生活的能力，所以当她要求初中住校时，我没有诧异，也没有忧虑，因为我知道孩子已经具备了离家生活的能力。

现在女儿的学校离家很远，开车来回得三四个小时，所以她明白要是丢三落四，我们没法给她及时送过去。孩子从学校回来，需要带什么衣物回家洗，需要带哪些学习用品，都会计划好；从家里出发的时候，学校的校服、饭卡，老师交代要带的物品，也会收拾整齐。有时候临到出门了，她还不放心，总要回自己的房间检查一遍，看看有没有遗漏的东西。

所以当孩子出现丢三落四的情况时，家长要试着让孩子自己承担后果，即使受到老师的惩罚也不要心疼，现在狠狠心，将来就省心！

●●● 规划小结 ●●●

孩子的收纳能力不需要刻意培养，只是生活中家长要注意细节，要相信孩子有能力管理好自己的物品。家长不要替孩子收拾书包，不要包揽本该属于孩子的事情，尤其是学习用品和书籍，一定要尽早让孩子自己管理。

如何巧妙培养孩子的独立能力

女儿读五年级时，我为了回家乡给老父亲过七十大寿，第一次把女儿留给从来没有单独带过孩子的先生。我第一次跟孩子分离那么久，第一次一个人回故乡，有很多担心和不舍。

早在一个月前，女儿听说我要独自回家乡给外公过生日时，她坚决反对，因为她从出生以来就没有离开过我一天。当时我狠下心来一定要让孩子学会独立生活，她那时已经满10岁了，老是黏着我，也不是个办法。我发现孩子的依赖情绪很浓，就开始改变以往的相处模式：那几天故意跟她拉开一点距离，对她的要求比往常严厉了。我情愿女儿不理解我、怨恨我，也不希望把她养成温室里的花朵。

回湖南的前一天晚上，我对孩子的态度缓和了一些，交代了她自己上学要换的衣服，告诉她自己应该注意的问题后，女儿那晚睡得比较安稳。

第二天早上女儿起床后就开始哭："妈妈，我怕爸爸看不好我，他不让我吃饱怎么办？他不会辅导我作业怎么办？我迟到了怎么办？”

“不会的，宝贝，他是你爸爸，他能照顾好你，你要相信他。”劝了几句，女儿感觉好些了。接着我拿邻居家的小姑娘举例，她妈妈出差时，也是爸爸一个人带孩子。我带着孩子下楼时恰好看到一个年轻的爸爸带着一对双胞胎去上幼儿园，我又开始跟闺女说爸爸带孩子的好处。

听女儿说她爸爸答应独自陪她时保证每天晚上不喝酒，我听了感到很高兴。先生喜欢晚餐时喝点酒，谁也劝不住，如果真的因为要照顾孩子不喝酒，也是一次难得的戒酒机会。

回家乡途中我有点担心：女儿国庆节后连续排练、比赛，又去治牙，加上她得知我要离开她几天有点焦虑，所以她有点感冒上火了。我给她从药店买了点药，吃了三天，应该还没完全好，看看她的自我调节能力吧。

那两天女儿总体表现还不错：第一天从学校接回去后不停地给我打电话，还被她爸爸说哭了；我吃饭时手机静音了一会儿，再一看手机有9个未接来电，都是女儿打来的。第二天早上上学的时候孩子又给我打电话，说自己嗓子哑了，又哭了；第二天晚上得知周五要考数学，很焦虑，一会儿打个电话来问我，一会儿又怕考不好要我安慰……第三天电话明显少了，也许是那天下午放学可以去邻居桐桐家玩，所以女儿比较兴奋，情绪不错。

从湖南归来的晚上，我接到孩子，她没有我想象中的那么激动，也没有抱着我哭，甚至没有诉说她有多想我。我在回湖南的那几天里，没有多想孩子，甚至没有太担心孩子。看到女儿一切安好，我突然觉得孩子真的长大了。

周末的时候女儿告诉我，他们每天晚上9:40睡觉，爸爸不光不能喝酒，连手机也不能看，只要爸爸发出一点动静，她就要提醒爸爸。她和爸爸每天6:40就起床，早上女儿自己梳头，然后去上学路过的餐厅吃早餐。他们一次也没有迟到过，比我在家时去学校还要早。

那次的分离让我觉得孩子的适应能力还是很强的，分离后孩子和她爸爸也都能调整好自己，并没有我想象的那么糟糕，而且分离真的让我们都成长了。以前女儿总是到了早上7点都叫不醒，先生更是没有不到8点起床的时候，我也一直认为孩子小，事事操心、包办。那次我不在家，女儿英语考了100分，数学考了第五名，感冒也全好了。

第二次把女儿交给先生带就顺利多了。那是在2019年4月，我出版了新书后回家乡去开分享会，后来因为给母校筹备捐赠图书阅读室的事需延期回京。先生要上班，只好把孩子托付到她的好朋友家住一晚。那天，孩子自己在朋友家洗澡、刷牙，和她的闺密一起学习、玩耍，晚上一起睡觉，还要顾及好朋友小弟弟的睡眠，不能大声喧闹，走路不能蹦蹦跳跳。那次留宿她做得很好，得到了好朋友全家的表扬。

后来，女儿上初中住校了，一周回家一次，临去学校前我说："闺女，你要不要带一张妈妈的照片去学校，想我的时候可以看看。"这时，女儿像个小大人似的劝我："妈妈，咱们俩就4天不见，您至于吗？一周还有3天都能见面呢！"

不过，孩子也有生病不想去学校的时候，也有在宿舍睡不好，要求我过去租房陪读的时候。但是，我们也就嘴上说说，心里却很清楚：开弓没有回头箭，既然选择了住校，肯定只能去尽早适应，如果退缩了、请假了，别的同学都适应了，女儿就会渐渐落后，越来越融不进集体里去。

第2章

不放养、不焦虑，当好小学娃的学习规划师

家长要帮孩子好好规划，要用心观察，分析孩子的长板、短板，再确定在家补什么、怎么补。以往，家长总是过于依赖培训班，觉得把孩子送到培训班就万事大吉了，只要“砸钱就可以”，但是，如果家长连自己都不清楚孩子的弱项，以及学习吃力的原因，就盲目给孩子报一堆课外班，让孩子疲惫不堪不说，学习效果也会大打折扣。

家长要做好孩子的“成长规划师”

把女儿送入初中之后，我时常反思：在孩子小学六年的时间里，我扮演着怎样的角色？我给了孩子怎样的指导和规划？我们的亲子关系如何？

每次中考成绩一出来，家长们就在群里分析哪所学校出的状元多，哪所学校教学质量飙升得快……与其在这里分析过往，不如踏踏实实想好以后怎样做好孩子的“成长规划师”，让他们自己去努力的同时，尽量少做无用功。

我这里所说的孩子的“成长规划师”，是“帮孩子规划、协助孩子设计人生之路，陪他走而不是代替他走；帮孩子发现自己、拓展自己、接受和喜欢自己，并鼓励孩子选择自己想做的事”的优秀家长。

家长要发挥孩子的长板优势，拓展长板为特长；补齐孩子的短板，别让短板拖后腿。如果孩子喜欢理科，要适当让孩子参与家庭经济管理，一方面让孩子知道家庭经济状况，为他今后的人生自主打下基础，另一方面也让他知道父母的不易。还要适当让孩子去参加科技方面的一些竞赛，让他们知道人外有人、天外有天。如果孩子对哪一门尤其喜欢，可以让孩子钻研下去，早晚会有成就。如果孩子喜欢文科，可以让孩子看一些“有营养”的书，家长自己先把书看一遍，甄选出适合自己孩子看且他爱看的书籍（家长如果陪着孩子从3岁前开始阅读的话，到了小学孩子爱看哪一类的书已经了然于心了），这是“规划师”的本职工作。家长不能直接把书扔给孩子，他没有那么多时间可以浪费在选书上。家长也可以让孩子根据自己的兴趣写一些日记、小说，或者在读古典名著的过程中写写阅读心得，这些都有可能成为孩子进大学的加分项（前些年一些专门研究“红学”并取得一定成就的学生就有被大学点招的）。就算升学不靠这种方式，家长让孩子从小有专攻，可以给他们将来的人生多铺一条路。

孩子的短板学科无论多差，都要告诉他不能放弃，尤其是语、数、英。据科学家分析，孩子的短板是大脑遗传和发育的差别产生的。家长不要责怪孩子，要跟他们一起去学习、去克服，与孩子一起研究、一起进步，不要打击孩子的积极性，不要让孩子觉得自己不行，尽量让孩子不那么排斥短板学科。我女儿一直不喜欢数学，后来我一直陪她学习，遇到问题跟她一起讨论；学校布置的数学作业有不懂的，我们会去跟老师请教。后来，我和每一位数学老师都成了朋友，孩子自然就越来越喜欢数学了。

七年级暑假，女儿想买一套小说，见我不答应，就拿“每天中午洗碗”这项劳动来交换。那两个月，我真是享受到孩子做家务带来的幸福：每天吃完午饭，女儿去刷碗；我安心地去午睡，然后等到做晚饭时再去检阅厨房。女儿洗完餐具后，还会静悄悄地把厨房的地拖干净，而不会像小时候一样只洗碗，还把厨房弄得一片狼藉。现在这个能干的姑娘是我在她上小学时一直训练的成果。那时，我经常让她刷碗、洗小衣服，或是去地里摘菜、摘水果。不管女儿干得好不好、愿不愿意干，我总是给她干活儿的机会。其实，孩子越不会干家务活儿，越要学习干，等他们离开了家长去上大学时，没有人会教他，这时候他们付出的时间和精力会更多。据我的观察，会干家务活儿的孩子比一般人生活得更从容、更幸福。

孩子在家长身边时，也许不容易看出“能劳”或“不能劳”的区别，一旦孩子进入国内的大学或国外的大学，或是去实习，会干家务活儿的优势就太明显了。在大学里孩子要住宿舍，要具备基本的收拾能力，如果孩子能主动帮助同学，就会收获好人缘；上研究生时与导师相处，能吃苦耐劳、会干活儿的孩子一般也更受导师的欢迎；在实习期间，会干活尤为重要，一个勤快的人在单位里是很受欢迎的；如果出国留学时住在国外的一些家庭里面，不会干家务活的孩子可能会被请退。

有的学生家长有一个误区：不能浪费学习时间，所有的活儿都不用孩子管。不少家长认为劳动技能去大学再练也不晚，但是大学没有劳动这门课。实践证明，“劳逸结合”是可以缓解孩子学习压力的。学生时代的生活也是人生的一部分，在学习的同时，孩子也要适当放空。在孩子有压力要释放的时候，让他做一顿饭、洗一盆衣服、布置一下房间，然后给他一个大大的赞，他会很有成就感的。

“双减”时代之下的孩子，在学生时代已经没有了以往的“三座大山”：作业、培训班、考试紧箍咒。家长作为孩子的“成长规划师”，可以给他们更多时间去交朋友，以提高他们的交际能力；可以多陪孩子去购买衣物，给他们充分选择的自由，让他们从小就知道怎样搭配衣服，以提高他们的审美能力。家长还可以陪孩子去孤儿院、养老院，以培育他们的仁爱心、同理心；或是去看看生活条件艰苦的农村，这样让他们对世界、对各种不同层次的人、对各种事件保持自己的认知和观点，同时也可以让他们知道学习的重要性，知道自己存在的价值。

金萍妈妈支招

过去家长对孩子的教育，有时为了图省事就掏些钱把孩子甩给培训班了事。“双减”之后，学科培训班没有了，课后对孩子的教育，将回归到家庭，回归到家长。那么，家长应该怎样陪伴、怎样规划孩子小学的身心发展呢？

首先，要合理安排好孩子各科的学习时间以及专项专攻的精力分配，实行“补短拓优”。

其次，要注意培养孩子的生活技能，实行“不能者多劳、劳逸结合”。

再次，要注意培养孩子的社交能力，包括审美能力、交谈能力、同情心、环保意识等。

最重要的是，“成长规划师”要在小学阶段培养出孩子的良好品格和习惯，为他以后的学习和生活打好基础。

●●● 规划小结 ●●●

如果说知识主要是在学校学到的，那么孩子的品性与德行主要是在家庭中形成的。在小学阶段，家长必须在孩子的习惯养成、品德形成、情绪控制、心态调适、精神塑造、毅力锻造等方面做好如何培育的规划。

每一个孩子都有无限可能，家长无须替他的将来“杞人忧天”，顺势而为即可：对孩子的天性，我们要尊重；对孩子的个性，我们要关注。每个孩子都是一块闪亮的金子，但是需要孩子的“成长规划师”合理地挖掘和引导！

孩子写字难看、写作业慢怎么办

很多家长向我咨询怎样才能提高孩子写作业的速度，还有的家长问我孩子的字写得太难看，是不是因为不认真写的缘故？

小学阶段的作业主要是语、数、英三门。数学都是简单的运算，英语有些学校三年级才有，这两科的作业只要会做，都不会占用孩子太多的时间。女儿上小学期间，他们学校有生字练习作业，不是让孩子机械地练字，而是要求孩子跟着课堂的进度练习课本上的生字。这项作业要求严格，学校发的“写字本”上有例字、有笔顺，学生要照着标准写，不能马虎。有书写功底的孩子能把字写到位，交作业时一次通过。而有些学生交上去，第二天又被老师打回来，擦掉重新写，写完了再交上去，还是被老师退回。每天都有当天的作业任务，但是那些不合格的需要重写的书写任务也要完成，这样不断地积压下去，孩子的家庭作业量就会越来越大。不管孩子怎样小心谨慎，却往往不尽如人意，所以他们会抵触写家庭作业。

女儿小学一年级时汉字写得很难看，尤其是她的名字，似乎三行都放不下。那时她写字的姿势也很难看，右手一直往里勾，笔握得特别靠下，把笔尖完全遮住了，我非常担心她那样下去会近视。女儿上幼儿园时，我没有要求她写过汉字，因为专家认为不到6岁的小朋友手部肌肉还没发育好，过早让孩子写字会有损健康，所以那时她只不过是自己拿笔画画玩儿，握笔都是绘画的姿势（手腕往里勾）。

等到上四年级时学校让学生准备钢笔，老师会根据学生以往的生字本和语文作业本上的书写情况，让一部分孩子优先使用钢笔。对于书写马虎的学生，语文老师则让他们继续用铅笔写字。这种做法大大激励了那些认真对待书写的孩子，但同时也打击了个别害怕写字任务的学生。有的孩子到了四年级寒假，就会主动要求家长给自己买字帖，争取四年级下学期的时候能得到老师的肯定，可以用钢笔写字。孩子在四五年级对自己的书写会有明显的要求，有写好的意愿后，就会努力练习，如果能得到家长的重视，他的字就会写得越来越好看。这样孩子对写作业就很热情，学习兴趣会越来越高。书写漂亮的孩子，考试卷面分也高，尤其是作文部分，字迹漂亮，老师看着舒心，给的印象分就高一些。字写得好看的孩子在参加工作之后，一手漂亮的字也能给领导留下良好的印象，得到更多的发展空间。

以前女儿所在的学校为了让一年级的孩子们彼此熟悉，周一下午会组织孩子们到处玩。到了二年级，学校依然是周一中午12点就放学了，于是我就想到了要利用周一下午的时间让孩子学学书法。班上的一位家长把孩子送到文化宫学画画，知道那里有老师教书法，于是我们就联系了一位老师来我们学校附近的托管班教几个孩子一起学写字。

我把女儿写字姿势的问题指出来，希望老师帮忙改正，没想到还真有效果。通过一段时间的硬笔书法学习后，我看到女儿的字的确是漂亮了，有棱有角、字体优美，而且写字姿势标准了。最明显的收获是女儿从三年级起，生字本没有被老师打回来过，看着一页页生字本上的“优”，我心里甚是感觉欣慰，再也不用担心孩子写字难看了。二年级下学期，孩子参加北京市的书法比赛，居然还得了二等奖。

每次学校布置的写字作业，女儿都会认认真真地完成，真正做到学以致用。女儿不仅写字好看了，而且写起来又快又轻松，所以每天很快就完成了家庭作业，还有时间去练琴、学其他的才艺，也保证了每天下楼玩耍的时间。在2020年新冠肺炎疫情居家学习期间，孩子每天的线上课会上到上午10点多，她要快速完成语、数、英作业，还要敦促自己班级小组里的同学及时完成当天的作业，老师要求她中午12点之前提交本小组的作业。如果孩子不是写字快，不惧怕写作业，怎么可能连续四个月都能按时完成老师的任务呢？记得有一次老师让孩子抄“空中课堂”的语文总复习笔记，我给女儿买笔记本比较晚，三天落下的笔记有满满10页，她居然一天就做完了，她笔记本上写得整整齐齐的字和清爽的排版真是令我意外。

不过，也有些孩子写作业慢，要么是“不能”，要么是“不为”。“不能”就是指孩子本身书写没有练好，写字慢；“不为”指孩子不是做不到，而是不想做，也就是写作业的好习惯没养成，总是拖拖拉拉。这些内容在其他章节有涉及，家长要具体情况具体分析。

金萍妈妈支招

孩子写作业慢一般有两个主要原因：一方面是孩子真不会做，他并非不喜欢写作业，属于“不能”范围。每个学生都知道不完成家庭作业，在学校老师那里没法交差，所以他不会无故磨蹭。另外，孩子不愿快速完成作业是希望家长陪着写，或是想得到家长的关注。那些由保姆和老人陪伴的小学生尤其喜欢拖着不写，想等爸爸妈妈回来再写作业。这属于“不为”，非“不能”矣。

对于第一类孩子，家长应该及时注意到孩子校内学习科目上的困难，要么自己辅导孩子，要么找老师帮助孩子把学校课堂上的知识再消化消化，提高孩子的知识接受度，这样才能从根本上提高孩子写作业的效率。

对于想让家长陪伴写作业的孩子，大人可以和孩子协商好，如果他能在家长回来之前独立按质按量完成作业，就可以得到另一种形式的陪伴，例如，一起阅读、一起户外运动、一起玩游戏；对于孩子自己完成的作业，家长应该及时认真浏览、检阅，并给予一定程度的表扬和肯定。

大部分孩子写作业慢，是因为没有掌握正确的写字技巧。让孩子在一二年级时练一下硬笔书法是有必要的，无论是字形还是写字姿势，都能在老师的有效指导下得到修正，养成书写的好习惯，而且写字轻松了，作业完成得也快。

●●● 规划小结 ●●●

孩子在上小学的时候字还没定型，找老师教一教书法十分必要，但也没有必要让孩子一直学下去。有些书法培训机构为了留住学员，会鼓励孩子考级，这个我认为没有必要，除非孩子真的爱好书法。写汉字是我们一辈子都离不开的，可以学学书法技巧，但是对于没有太多兴趣的孩子来说，花大量时间练各种字体并不是很必要，毕竟小学的时间太宝贵了，还要留出时间学其他的东西呢。

小学生学学楷体就够了，如想练其他字体，初中、高中可以自己练习。我不建议家长自己来教小学阶段的孩子学书法，虽然有些家长写字也写得不错，但就教学经验而言，一般来说书法老师会有一套比较好的教学方法。家长如果不想事倍功半，可以让孩子跟着书法老师练习，或者让孩子使用市面上比较好的书法练习字帖来练习。

会高效阅读的“小书虫”学习后劲儿足

如果没有时间广泛阅读，孩子可以通过精读某些书籍来实现“高效阅读”，擅长高效阅读的孩子，学习后劲儿通常会很足。精读一般分为三个阶段：阅读前准备，阅读中体味，阅读后总结。精读适合小学中高年级学生，因为他们即将面临升学，课业加重，作业量也大，自主阅读的时间不多。

孩子拿到一本文学作品，家长首先要引导孩子看一下封底、封面以及腰封上的文字，了解一下作者简介和一些创作背景，然后看一下作者为什么会写这本书，这本书的内容大概写的是什么。

这就是阅读前的准备工作，就像我们要进餐了，得先摆好餐具、椅子，端上菜肴一样。

以上内容看得差不多了，如果孩子对作者还是不太熟悉，或者对这部文学作品的一些历史背景不太清楚，而他又很感兴趣的话，可以让他从网上查一下。如果孩子没时间也没有兴趣，不查也是没有关系的，不强求做这件事。但是精读一本书，前言是必须看的，要看看是在什么情况下，作者创作出这本书；还要看看作者写这本书的目的是什么，他想提倡什么、反对什么。不管是中国的名著，还是外国的名著，一般都会有作者介绍、序言或推荐序，这些值得细细阅读。

经过前面的铺垫，就可以翻开书开始阅读了。在阅读的过程中，我建议孩子放一支笔在手边，有好的词语、句子，可以随时画下来。看书时孩子可以坐在沙发上或者其他舒服的地方，随意自由地阅读。如果一定要求孩子坐到写字桌上去看书的话，这个仪式感太强了，孩子会觉得很累。阅读时一定要准备一支铅笔，可以轻轻地把好词、好句画出来，到时候如果返回来摘抄就很方便。摘抄完了，还可以把标记的痕迹擦掉，这样不会对书造成损坏。

阅读过程中要做的第二件事是捋清楚书中人物关系。尤其是对人物关系比较复杂的小说，比如中国的名著《红楼梦》《水浒传》，外国名著《呼啸山庄》，里边的人物关系特别复杂。我建议孩子拿一张白纸放在手边，看到一个人物，可以先把这个人物的名字写在白纸上，打个草稿，哪怕你不清楚他是何许人，多写几次后，下次再看到他的名字，也许就熟悉这个人了。尤其是读外国名著时，像俄国的文学名著，人名特别长，稍微写一写有助于记忆人名，也有利于厘清小说的人物关系。把人名写下来后，它的人物关系就容易标记了，可以用箭头来标明人物之间的关系，比如谁是谁的母亲，谁是谁的父亲。大致标明一下就可以，家长可以引导孩子以自己的能力去画人物图谱，不要强求孩子。如果孩子精读完一本小说之后连谁和谁的关系都不知道，那他怎么能去理解作者的写作意图和这本小说的精华呢？所以说，阅读中稍微记一下人物的名字，等看完了再回头整理他们的人物关系，写一下书中的人物特点是很有好处的。对低年级的孩子，家长可以帮他把文学故事中的人物用图谱的形式捋一捋，给他指出人物关系是什么样的，帮他画出来，孩子就能对故事的整体更好地理解了。

如果孩子已经完成了第一次浏览，家长可以鼓励孩子拿个笔记本，把画出来的好词、好句抄一抄。摘抄就相当于孩子又回头重新把书看了一遍。实际上他不需要逐句地去看，只是大概翻一下，翻到有铅笔画线的地方，就能想起当时的情节，这对孩子来说可以快速地重读。

精读最重要的一个环节就是看完小说后，在时间充足的情况下，要做一下精读笔记。对于小学生来说，精读的笔记怎么做呢？

第一，可以写人物评价。如果孩子很喜欢某个角色，他的勇敢、机智、善良表现在哪些方面，可以写一下自己的感受。这个没有评判标准，每一个人阅读的感受是不一样的，所以只要写下来就是很棒的。如果不写的话，孩子可能过段时间就把读过的内容忘记了。大概写一下，以后长大了再看一下自己曾经的阅读轨迹，也是很有成就感的。

第二，可以写自己的体悟，或者是读书时的体验。比如，当时读书的时候，读到哪句话觉得很开心，事后应该把当时的情景记下来。记忆力总是有限的，如果写下来变成文字的话就是永恒的了。女儿读《平凡的世界》时，里面有描写一只老猫的句子，“徐国强抱着那只猫跟别人说：‘最近这只猫挑肥拣瘦的，只爱吃肉，不爱吃骨头’”。她当时觉得这句话特别逗，还发到了微信朋友圈，其实这就是一个很有意思的阅读体验。在小朋友的心目中只有狗爱吃骨头，猫是爱吃鱼的，所以这句话跟现实有差别。书里的句子是不是很搞笑？它跟我们的日常表达有什么不一样？如果我们要写的话，会把这句话写成什么样呢？这叫阅读的体验。体验就是从自己的内心出发去理解书上的一些有意思的句子、段落、场景。

第三，可以写一写书里的内容和现实的对比，即书上所写的环境跟我们现实生活之间有什么是不可能的，或者说是不同步的，或者说书上的那种场景是很令人向往的，但是现实生活当中就没有，这些就是我所说的读书感悟。比如《汤姆·索亚历险记》里有一个场景：汤姆跟小伙伴一块儿离家出走，去海边当海盗。我女儿就写下了自己的阅读体验：“这个在我们现实当中是不可能的，如果我们离家出走的话，老师会立马给家长打电话，家长找到了我们，会给我们一顿胖揍，怎么可能出走好几天？”读书感悟，孩子怎么写都是可以的，只要能增添他们读书的乐趣。孩子对书的理解、对书中生活的向往都可以写下来。想培养孩子的阅读兴趣，可以用这些小招数，让孩子不要把阅读看成很累的一件事。

第四，就是对自己感兴趣的场景进行续写。续写小说跟画画一样，孩子可以随意发挥，不分对错，所以家长不要对孩子横加干涉。我特别喜欢鼓励孩子写作跟画画一样，让孩子无拘无束地去续写场景，这也是写读后感的一种形式。场景续写可以很好地锻炼孩子的语言能力、想象力、创造力。写读后感相当于我们在第三遍精读小说，在强化对书的整体印象，这是养成精读阅读习惯的一个很好的途径，更是快速提升孩子阅读能力的一种手段。

女儿的作文展示（五年级发表的作文）

我有一个爱阅读的朋友

蔡宇瑶

在幼儿园的时候，我有一个好朋友，他叫高乐乐，他从小就喜欢阅读。

有一次，我去高乐乐家玩，一进他家门，我便看见他趴在地上看书，他看见我到了冲我笑笑，用眼神告诉我先坐下。过了几分钟，他把书往地上一扔，说：“终于看完这本书了！来吧，宇瑶，我们开始玩游戏。”“好呀，我们玩什么呢？”我好奇地问。“我也不知道。”乐乐茫然地说。

过了一会儿，高乐乐突然一拍脑门儿，高兴地说：“我知道了，我不如给你讲讲《最美法布尔昆虫记》里面的屎壳郎吧。”不等我回答，他兴致勃勃地讲起来：“你知道屎壳郎吃什么吗？”这时妈妈端了一杯饮料过来说：“我想应该吃叶子吧。”“不对，它们吃粪球，也就是牛便便。”听他说完，我们都觉得太恶心了。乐乐接着说：“屎壳郎是把干的牛粪滚成球，滚着滚着，滚到它们家里去储存起来慢慢吃的。”

幼儿园中班的时候，我们一起去大连旅游，乐乐在火车上看《神奇校车》这套书。书里有一只会说话的小狗，于是高乐乐就学它说话。在他模仿狗狗说的时候，我和妈妈都被他活灵活现的样子吸引了。后来，我借了他的那套书来看，看了五六遍，可我还是想看，于是妈妈就给我买了一套《神奇校车》。

上小学一年级时，我和高乐乐一起去中国地质博物馆，那里有好多好多我不认识的东西。乐乐见我看得没意思，于是，他就给我们讲解，我们几个小朋友还追着他给我们讲一些我们不知道的珠宝和化石知识。高乐乐讲解时，他非常像一个合格的博物馆讲解员，他讲得绘声绘色，我好崇拜他呀。

经过三年的接触，我慢慢地被高乐乐影响了，越来越喜欢看书。书看多了，他讲的一些知识我也能理解了，写作文时也有很多话写，语文成绩也越来越好……有这样一个爱阅读的朋友真好！

（此文发表于《当代家庭教育报》2019年7月刊《少年情怀》版）

金萍妈妈支招

对于如何精读一本小说，大概分三个步骤：第一步是阅读前的准备；第二步是阅读中的准备（正式阅读），包括第一遍细读和第二遍摘抄；第三步是阅读后的体味。第三步尤其重要，很多小朋友可能阅读一本书后，就止步于第二步了，这就谈不上是在精读一本书。

我为什么一直提倡亲子阅读呢？亲子阅读不一定非要是你和孩子一起读一本书。有时可以是他读完了你再读，或者你先读完了，他再接着读。你和孩子读过的书，就是你们的沟通桥梁。你们一块儿聊聊这个人物：他是怎么成长起来的？他的性格，你欣赏哪些？不喜欢哪些？这样的沟通就比机械地阅读小说要好。这是一种亲子阅读的独特体验，也是父母陪伴孩子成长的一种方式，很实用。

● ● ● 规划小结 ● ● ●

精读，是在小学生没有时间广泛阅读的情况下，想比较快速地提高个人文化功底，或者短时间内提高语言能力的一个法宝。

阅读前的准备是精读一本书的基本工作，代表阅读的一种状态；阅读的体味是阅读的精华，是一种会享受的精读；阅读后总结是孩子阅读成果的重要体现，也是他们自我提升的一种手段。

孩子如果从小没有养成阅读习惯，到了小学中高年级还有逆袭的机会，那就是学会高效阅读。孩子学会了如何精读一本好书，在有限的假期里，持续阅读一些经典书籍，他的阅读收获也是非常多的，只要选对了书，不会输给从小爱阅读的“书虫”！

培养阅读兴趣要避免这些误区

2020年疫情期间，女儿看过的文学类书籍有《平凡的世界》《四世同堂》《家》《鲁滨孙漂流记》《汤姆·索亚历险记》《尼尔斯骑鹅旅行记》《格兰特船长的儿女》《简·爱》《呼啸山庄》《格列佛游记》《羊脂球》《猎人笔记》，以及丰子恺的散文《万般滋味，都是生活》等18本书（均是成人版本）。另外，历史类绘本重读了一套《上下五千年》；英语读了全套“贝贝熊系列丛书”，《书虫》5本以及英文版的《黑骏马》《狮子王》等书籍。孩子读得快的时候，《汤姆·索亚历险记》一天就读完了，还写了600多字的读后感。

其实，女儿刚上一年级时，“南二环”三个字有两个都不认识，但经过一段时间的亲子阅读和自主阅读的培养，她三年级就能看成人版本的《飘》了。培养孩子的阅读兴趣并不是很难，只要家长们注意以下误区，绕道而行即可。

家长们不要为了提高孩子的认字能力或写作水平而规定孩

子阅读的书籍和看书时间，这样他们非常有压力。当然，为了鼓励孩子读下去，让他有成就感，可以适当教他们记录好词、好句，或写写读书感悟。读书感悟和读后感的写法不一样：可以写人物形象，可以写后续故事，也可以结合书中的内容来谈现实生活的事。总之，既要把形式搞活，又不让孩子有负担。实在没有可记的、可写的，就让孩子发发朋友圈，记录一下也行。

家长不要顾虑孩子看不看得懂，培养阅读兴趣这件事，一定是“先见森林，后研究树木”（书海就是森林）。最开始我让孩子看的书，我自己也看，但我不要求她复述故事，我们甚至都不刻意讨论看过的书。在遇到事情的时候，我拿书上的例子分析给孩子听，她能想起我们曾经共同阅读过的书，而且懂得里面的道理，我一讲就通。

疫情期间，我和女儿共读了多本名著。我们分别写了各自的读书感悟，她想看我的读后感时，我也让她看一下，孩子的读书感悟我会帮她录入电脑存档（用这种方式保存我们的亲子阅读也是很有意义的）。这些小细节，也许跟考试成绩无关，但孩子收获颇丰。2020年春节后，我们全家一起阅读了全套《平凡的世界》，并且经常一起讨论书中的艰辛、苦难，以此来对比我们目前所处的困境，发现虽然在疫情期间，但生活依然很幸福。

有一年暑假，我在家乡开了一个读书分享会，教家长怎样为孩子选书。我发现大多数家长舍得给孩子花钱买书，就是不清楚该怎样选书。有些家长给孩子买了很多外国名著，但孩子就是不感兴趣。我大概翻了一下那些书，翻译水平真的一般，字体、纸张都不理想，仔细读几段，也感觉不到文学的美感。

小学之前，孩子读绘本要广泛一些，这个阶段一般是亲子阅读，孩子有不懂的地方，家长可以给解释。一二年级要从亲子阅读慢慢放手，让孩子自主阅读，这时给孩子选书很关键，选对了，孩子一直愿意读，选他不爱看的，孩子的阅读兴趣就会受影响。三四年级是孩子阅读兴趣养成的分水岭，爱阅读的孩子已经看上外国名著了，不爱阅读的孩子或许只爱看漫画。不管哪个阶段，家长精心为孩子选书很重要：不要买盗版的书，字体、纸张都不好，容易伤害孩子的眼睛；出版社要选专业的，如儿童文学的书要选少儿出版社的，外国文学的书尽量选译林出版社、长江文艺出版社和人民文学出版社的，翻译者水平不同，出版的书也不同。

我曾帮一位六年级孩子的家长买书，发现她居然没有我们常用的线上购书平台的APP，而且语文书里要求读的三本外国名著，她家孩子一本都没读，老师催着交读后感，她才想起来要买书。这样不重视孩子读书的家长，想让孩子养成阅读习惯、提高语文成绩太难了。

女儿六年级寒假在家阅读《四世同堂》。

金萍妈妈支招

首先，不要让孩子带着任务读，要让孩子觉得阅读是一件轻松的事。其次，不要把文学书籍当成哲学和史书去研究，初中以下的孩子还没这个能力。另外，尽量让孩子看名著，选书一定要注意出版社，尤其是外国名著。最重要的是，培养孩子的阅读兴趣时，家长要注意“身教大于声教”，家长自己爱看书，孩子自然会受到感染，慢慢放下手机，拿上书籍。

●●● 规划小结 ●●●

我的第一本书出版之后，陆续开了几场分享会，还专门建了两个公益阅读群，我发现有些家长对孩子阅读这件事有些急功近利。阅读是一件可以终身进行的事，培养孩子的阅读兴趣越早越好。不过，会阅读、爱阅读的孩子，不见得语文成绩就一定顶呱呱，因为阅读之后孩子还要学会思考与整合，但是不管怎样，孩子读过的书都会存在他的脑海里，总有用得到的时候。有的孩子从小就很爱阅读，进入小学就是语文“学霸”；有的孩子读了很多书，三年级以前都没有显出优势，到了小学高年级，几乎每次考试都是年级第一。这么看来，孩子阅读书籍、积累知识是一个过程，只有持续阅读，才有收获的一天！

新媒体时代小学生这样阅读更有效

在这个新媒体时代，我们可以让孩子通过多种途径来“阅读”。早上起床做好早餐后，我会打开“读古诗”的APP，让女儿一边吃饭一边听古诗朗读，而我也一边收拾家务一边听。我自己是学中文的，也喜欢诗词，但记忆力不好，所以要反复听。另外，我和女儿有时候会玩诗词游戏，如果我不跟着听，就玩不过她。

送孩子上学后，我回到家先把英语阅读打开，边听边看，跟着语音读两遍后自己做题，当天的题做完了才算阅读完成；晚上8点有老师在微信群里讲解当天的内容，如果白天做题有什么疑惑，还可以问老师。这种英语阅读一期是100天，我跟完第一期后，歇了一期。因为第一期要读四本英文版的图书，我拿到图书之后，又跟着看了一遍回放。女儿五年级考过了剑桥英语KET后，她的单词量已经超过了我，我就让她试着阅读我的英语书。孩子上六年级时，我报的第三期英语阅读是《奇迹男孩》，女儿有空的时候就直接在手机上边读边翻译给我听。

到了晚上，孩子写完作业，我们开始吃饭时，我会打开“微信读书”，里面收藏了女儿不太爱看的或看不懂的中国古典小说。我曾经让女儿读中国四大名著的原著，但让她自己读那半白话半文言文版的书，读的速度实在太慢，像她那么“吃书”的孩子，都能在一学期内看完《飘》，而读这种书很费时间，所以越读越没兴趣。自从发现可以“听读”后，孩子吃饭时不看电视了，每次都主动要听小说，一个学期就差不多把《红楼梦》听完了。后来，我还和孩子一起听了一遍《三国演义》，接着听《水浒传》。经过这三本名著的听读，女儿在六年级下半年就可以自主阅读成人版的《红楼梦》了。

2020年因为疫情在家学习，女儿看书的速度很快，对文言文也开始接受了，在看完《红楼梦》的第二天，她又开始看原版的《三国演义》，在看这本书时，孩子对文言文比较喜欢了，平时生活中有时还会用文言文说话。在女儿提前拿到初中语文课本预习时，一篇名为《老狼》的文言文，她一口气就翻译出来了，而且跟讲故事一样绘声绘色、手舞足蹈。有了这些阅读铺垫后，我觉得孩子从阅读现代小说过渡到文言文非常顺利。

我读过的书，只要女儿感兴趣，我都会支持她去阅读。当孩子拿起我读过的一本名著时，我会教孩子试着读一读书的前言，遇到不认识的字我会教她读。虽然那时孩子并没有爱上阅读，但起码她知道了读名著的方法和态度。到孩子三年级的时候，她试着读了一段《傲慢与偏见》，可能因为里面的辩论太多，情节太少，她没有读完。到女儿上四年级的时候，她开始被《飘》吸引，那一年，她利用睡前的1小时阅读，把《飘》看了五分之四。看到白瑞德的女儿死掉的那一章，女儿觉得太惨，就不愿意看了，我也没有强求她全看完。阅读纸质书的成果是显而易见的，孩子四年级寒假前的期末考试是全区统测，她的语文居然只扣了1.5分，那次语文成绩是全校第一，在区里也是名列前茅的。

在通信发达的新媒体时代，“读书”是一件简单的事；但真正“读好书”需要家长的睿智和精打细算。回忆这些年跟女儿一起阅读的历程：以前是她读过的书，她要求我也读，这样我们可以交流；学校或朋友推荐读的书，我要先读读，看看是否适合女儿。每次新到一批书，孩子总是和我一起挑选、评价，然后确定我先读哪些书，她先读哪些书，等我们把这一批书看完了，都各自写一些读后感。我写的书评发表之后，就特意拿给孩子看看，让她知道怎样写书评更容易让大众接受。

莎士比亚曾经说过：“生活里没有书籍，就好像天空没有太阳；智慧里没有书籍，就好像鸟儿没有翅膀。”和孩子一起拿起书本，好好阅读吧，带孩子阅读比不停唠叨、大吼大叫以及绞尽脑汁惩罚孩子不学习管用得多！

金萍妈妈支招

阅读不可千篇一律地模仿别人，得让孩子有自己的阅读轨迹。阅读要循序渐进，不能看见别人在读什么书，就迫不及待地买给自己的孩子看，因为人家的孩子以前阅读是打了基础的，他能读这本书，是前面读了很多书的积累，才使得他能读懂、能吸收这本书。阅读要注意巧妙地掌握时机，我以前给孩子买了很多英文绘本，还可以点读，但她就是不愿意读。后来学了5年英语之后，她竟主动要求看英文电影，于是我就开通了一个视频平台的VIP会员，这样可以满足她的观影愿望；她想买英文原版小说，我马上给她买，自然而然地，孩子也爱上了看英文小说。

规划小结

现在，家长们之间流传一句话："得语文者得天下，得阅读者得语文。"这句话一点也不夸张，中国的文化博大精深，再加上外国文学的丰富多彩，几辈子也学不完。我们不知道老师考什么，但我们知道自己读过什么，用我们大脑里的知识去做考题，尽力而为就问心无愧了。中文是我们的母语，怎么考也就那些知识。小学语文里字、词、句和文学常识，孩子都可以靠强化记忆来掌握。每个认真完成学校老师要求的学生，基础题的得分不会有太大差别，但是小学毕业考试和初中语文试卷里，基础知识题部分只占卷面三分之一的分，真正能拉开差距的是阅读和写作题。

孩子要想在语文考试中做题得心应手，就要从小多阅读，并且要多做有效率的阅读训练。从历年考题来看，年级越高，语文试卷的阅读量就越多。孩子只有养成良好的阅读习惯，才能阅读完那么多的卷面文字，并写出独到的见解。

家长可参与孩子学习规划的三个节点

一年级时，家长要尽量帮助孩子尽早适应小学生活，而不是一上小学就给孩子报一堆课外班。升入小学的第一年，稳定孩子的情绪比抓学习更重要。

女儿上一年级时是班里年龄最小的女生。她上小学之前没上过学前班，连10以内的加减法都不会，汉语拼音就是我自己给她教了教。刚开学时女儿还没有表现出什么问题，我忐忑不安地熬过了一个月。突然有一天，我收到班主任的信息，老师说女儿就像只刺猬，只要别人碰她一下，她势必想办法还击，怎么劝都没用。

我看到老师发来的信息，整个人都蒙了：孩子以前上幼儿园时不这样啊？她从来没跟小朋友打过架，甚至也没跟任何小朋友争吵过。后来，我跟老师聊了很久，终于找到了症结：别的小朋友都是一直在自己熟悉的环境里生活，上幼儿园跟上小学区别不大，而女儿为了上小学离开了原来熟悉的生活环境，离开了爸爸，她感到不安全，怕别人欺负她，所以才会对别人的侵犯如此敏感。

我开始尽量多带她和同学玩，每天放学后都让她约上几个离我们家近的同学一起做游戏、跳绳；学校有什么活动我也争取参加，给孩子们照照相、帮老师照顾小朋友。

一个周末，我和几位家长一起组织班里的孩子及家长去郊区野餐。第一次参加的有五六位同学，女儿回校后立即就跟他们成了好朋友。得知学校要组织新生去北京野生动物园秋游，我立刻申请做志愿者，在那次秋游中我认识了女儿班上的全部同学。听说学校的体育测试要考跳绳，我和几位家长就约着每天放学后带孩子们一起练习，随着跳绳能力提高了，孩子们之间的友情也加深了。每逢圣诞节、元旦，我们几位家长都带着孩子们一起过节，他们互相赠送小礼物，我们家长每家带些食物，其他同学有空的就来参加，这样几次之后，孩子们之间的关系更加融洽了。

一年级时女儿会认的字很少，每次作业我都要给她读题，这是一年级的孩子普遍都会遇到的困难。于是我组织几位家长成立了“流动图书馆”，家长带领孩子一起阅读，孩子之间比着阅读。经过三年的努力与坚持，当时积极参与的家庭的孩子后来阅读能力都很强，语文成绩也很好。

一年级“六一”国际儿童节时，学校没有组织大型会演，各班在自己班里过节，我组织家长给孩子们买了大蛋糕，在班主任的支持下，我们还组织了一场别开生面的文艺汇演，让孩子们各显神通。那次活动让孩子体会到一个班级大家庭的和睦温馨，从此，女儿对学校、对老师、对同学有了新的认识，她彻底地融入了那个集体。

上小学虽然是一个新的开始，但也是自然而然的事，家长不必过分担忧。家长们要注重培养孩子的习惯，尤其是写作业的习惯，不要过分关注分数。另外，要尽早放手让孩子参与生活，学着买东西、做家务等，因为小学的学习内容与生活密切相关。家长要尽量给孩子留出宽裕的时间，不要着急报一些培训班，而要鼓励孩子多玩、多交友。

二年级到四年级，属于培养孩子良好学习习惯和上文化课、才艺课的最佳时段，家长要适当参与。

女儿的学校一二年级都是按照以下时间点放学：周一、周五中午12点半放学；周三学校下午3点半开始有大课间，老师会把学生们带到操场锻炼身体，下午4点半放学；周二、周四参与了学校社团的学生下午4点半放学，无社团的3点半放学。这样一来，家长就为怎样安排孩子空出来的大量课余时间发愁了，所以从一年级下学期起，我们几位热心的家长就组织孩子们周一下午一起学英语。上二年级时，我们还请了区少年宫的书法老师，周五下午来学校附近教孩子们硬笔书法。其余时间我们就在班级流动图书馆交流阅读经验，引导孩子们多阅读。

女儿班上跟我们一起参加英语学习的同学，六年级就学到剑桥英语通用五级了。他们班有十多位同学跟我女儿一起学英语，他们不但自己喜欢英语，成绩非常优秀，还主动帮助英语不好的同学。孩子们在一起就是互相比赶超、互相取长补短，这种学习的风气真的很好，这都源于家长们在一开始就重视和参与了孩子的学习规划。

当时和女儿一起学硬笔书法的孩子们，写的字不但漂亮，而且写字的速度相当快，有的小朋友后来又坚持学软笔书法，到五年级时开家长会展示出来的作品真的令人叹服。小学生一年级手指还比较软，写字慢，字难看，家长们要理解，不可过早逼迫孩子练字；当孩子到了二年级，他们的手指有劲儿了，作业也多了，老师的要求也高了。如果字写得难看，老师会让学生重写，这很容易让孩子厌烦，容易让他们对语文学习失去信心，所以孩子到了二年级就要开始学硬笔书法。我个人不建议家长买本字帖让孩子照着描，因为孩子不明白字体结构，不知道运笔技巧，练字既枯燥又见不到效果。女儿当初只学了两期硬笔书法，第一期课讲基本笔画和运笔技巧，第二期课讲字体结构和美学原则。孩子们认认真真地跟着学了两学期，效果颇丰，并且学校作业写得又快又好。

一起坚持阅读的小朋友，现在也成了语文“学霸”，并且一直喜欢阅读各类书籍，他们不但语文素养好，作文写得快，而且知识面宽泛，别的科目成绩也不错。各科老师都很喜欢这类学生，他们知识丰富，善于表达，在一定程度上还能活跃课堂氛围。

五六年级时，家长就要慢慢退出孩子的成长规划指导，学会放手让孩子自主学习、自由思索。经过了前面四年的打基础，有的学生喜欢文学，有的学生喜欢数学，有的学生喜欢英语，不管怎样，这都是好现象。家长可以在孩子喜欢的学科上完全放手，让他们自己跟老师对接，这样出了成绩孩子会很自豪；在孩子弱一些的科目上，家长可以想办法帮助梳理知识点，鼓励孩子适当做题。

金萍妈妈支招

小学主要有3门文化课，语文靠平常的阅读积累，一二年级要注意培养孩子的阅读兴趣，坚持两年，选对每个时期阅读书目，孩子很快就会对阅读着迷。从二年级开始学一学硬笔书法，帮助孩子养成良好的书写习惯即可。

一到三年级的数学知识都跟生活息息相关，家长只要平常多注意培养孩子的“数感”，让孩子愿意计算就行；等孩子上了四年级，可以买些开发孩子思维的书或成套的数学绘本看看、练练，这些都是孩子校外优秀的“辅导老师”。

英语方面，不管父母英语好不好，都可以多带孩子进行英语阅读。家长实在不会领读的，可以让孩子借助点读笔来跟读。坚持四五年，让孩子在小学阶段就掌握英语自学的本领，这样在以后的初中和高中学习中，他们才不会为默写、背诵校内英语而发愁。英语成绩好的孩子，可以省出很多背英语单词的时间给其他学科。

●●● 规划小结 ●●●

家长作为孩子的“成长规划师”，在小学的各个阶段，要担起适当的监护和规划责任，哪个年级该注意什么，哪个年级该学什么，这些要有一个宏观规划。

在小学六年的时间里，家长要协助孩子为今后的学业打好基础，使他们尽早爱上学校、爱上学习，这样才可能在后面的学习生涯中越走越轻松。

英语考试成绩好，不一定是“真好”

2019年秋，有一天我出去办事，偶遇女儿所在的琵琶社团师姐的妈妈，她女儿刚上初一不到一学期。那位妈妈从看见我上车一直到她下车，20分钟里不停抱怨自己没有在小学阶段给孩子打好基础，太相信卷面考试分数，现在后悔了。

“我那时候真的应该听你的，让孩子多花点时间学英语就好了，当时就觉得课本里的知识都会，没必要再多花时间学了；进入初中后完全跟不上，尤其是默写单词，可费劲了。现在，老师的教学进度比较快，因为很多学生小时候学得很扎实，英语课外阅读广泛，大家都会的知识老师就会讲得快些，然后留出时间给学生们做题。这么一来，我们家孩子就吃亏了，昨天做作业到晚上12点多……”这位妈妈还没说完，车到站了。

这位妈妈道出了很多家长的心声：孩子在小学英语考试成绩很好，每次考试基本都是满分，这就说明孩子英语水平真的很高了吗？

在当今这个全球化时代，我们要出去旅游或是在国内看电影、电视，都会经常接触到英语。一部分家长在孩子很小的时候就带着孩子阅读英语绘本，也有一部分家长会选择好一些的英语动画片、电影等，陪孩子观看，经常用英语跟孩子交流，给孩子营造一个良好的英语学习语境。不管哪种途径，最终要达到的目的是让孩子爱上英语，能自主阅读英文书籍，在中学阶段英语学习不掉队。

学校的英语考试简单，满分的含金量不是很高，而那些重视英语的孩子学得太好，才导致了初中英语两极分化，老师的教学进度肯定随大流，所以小学不重视英语的同学就吃亏了，光默写单词就要花费大量的课外时间，这样才导致每天家庭作业写到很晚。

回想起我女儿学英语，也有一番坎坷经历：幼儿园虽然上的是双语园，但是一周也就两节外教课，那时候孩子比较小，也是云里雾里地听不懂，只知道跟老师和小朋友们瞎玩。后来她上了一年级，第一学期我就发现学校的英语老师教得非常好，而且她特别负责，每天的英语课上得也生动活泼。我特意加了这位老师的微信，女儿课后作业有不会的，就直接用我的手机问英语老师。这位英语老师平常讲课设置了盖章奖励，上课积极回答问题或者写作业认真的同学都能得到盖章奖励。一学期下来，学生们可以凭自己课本上的印章得到不同的礼物。女儿很喜欢英语老师的这些奖励措施，无论在学校还是在家里，对英语都相当重视，也极其喜欢，所以英语学起来很快乐，效果也很好。

四年级时，英语老师还让孩子们自己选课文，自己回家做PPT，自己备课，然后让他们像老师一样上讲台给同学们讲课。这些课程可以是两三位同学合作，也可以独立完成。英语老师允许孩子们自己备点小礼物奖励上课认真、积极回答问题的同学。这样一来，学生们学习英语都很认真，一个学期下来，孩子们就越来越喜欢英语这门学科了。

不过在女儿学习英语的过程中，我也曾经焦虑过。大概在二年级时，学校布置了网上英语作业，为了得到“你真棒”、为了得高分，我比孩子还紧张。她一做英语作业我就过去盯着，一看读音没得“优”，就要求她重读，怕她录不好音，非要帮她拿着手机……经常都是孩子读着读着，我发火了，或者是一遍遍让孩子重读直到她不耐烦了，或者是俩人战斗半天，结果只得“一般般”的评价。寒假的时候，孩子在学习自然拼读，我还是一如既往地在她读英语时横加指责，孩子气哭了，她爸爸也急了，于是我们三人争得面红耳赤。后来碰到嫂子，她是大学英语系的老师，我们向她请教。嫂子说：“瑶瑶既然已经学了自然拼读，你们就应该放手，要相信她，不要再教她了。”在这之后，孩子学英语时我们都不干涉了，再也没有争吵。孩子没有了心理负担，反而更愿意学了。

在英语学习中，我要求孩子按质按量地完成学校老师留的作业，也尽可能地让她多阅读英语绘本。

每个寒暑假女儿都会一级一级地去学英语自然拼读，这样坚持了四年多，孩子把五级自然拼读法都学会并掌握之后，她无论是默写单词还是阅读都很轻松，不需要死记硬背，不再害怕老师布置的单词默写任务，也更爱阅读英文书籍了。在小学阶段，我还把剑桥英语的点读绘本一级一级地买来，孩子不断地跟着点读笔练习听读。在孩子上一年级时，我便买了跟学校的英语书配套的点读笔，并把小学12册英语书中的音频文档下载到点读笔里。孩子学完一课，回家就自己拿点读笔复习。到了期末考试复习阶段，女儿复习完课文，还会唱一唱书上的英文歌曲，很是惬意，一点没有不喜欢考试、不想复习的意思。

金萍妈妈支招

孩子在小学阶段一定要重视英语学习，把英语学扎实，在初中、高中时期，才能有更多的时间应付别的科目。

学英语最好的途径就是父母陪着孩子一起阅读英语绘本。从幼儿园起一直坚持英语阅读，这种方法是比较好的语言学习方式。我的一个朋友，她女儿从小就喜欢读英语绘本，大概坚持了七八年，在上五年级时，她一次就通过了剑桥英语五级的PET考试，这个水平已经相当于中国高考时的英语考查水平了。

●●● 规划小结 ●●●

进初中之前一定要打好英语基础，最好是一直坚持自主阅读，或者跟着经验丰富的老师学习也可以，尤其是自然拼读或语法。孩子掌握了一些规则后，自己阅读起来更有成效。选择老师时，家长一定要多考察，多带孩子试听，看看孩子的接受状态再定学习内容。在选择学习内容之后一定要坚持，家长、孩子都要认真对待这门课，切不可半途而废。

怎样提高“迷糊娃”的数学综合能力

女儿小时候对堆积木、拼接塑料管道都没有兴趣，也不爱翻箱倒柜，只喜欢唱歌、画画、看绘本，而且她自己的书和画笔等东西一定会按原来的顺序放，从来不打乱顺序。那时候我只觉得孩子没有探索的兴趣，没有好奇心，没有动手的欲望。到了一年级下学期，数学课开始教认识人民币以及各种换算，女儿学得一塌糊涂。

我看女儿实在不理解，就用实例教她。我手里拿着一沓五角钱纸币，对她说：“宝贝，你看啊，我去买东西没有零钱，我用两张五角换你一张一元行吗？”看孩子没反应，我拿两张五角纸币放到她手里，准备取走她面前的一元钱时，女儿突然叫起来：“我不换，不换，为什么要跟你换？一元钱是大钱，为什么要换你的小钱？”

“我给你两张啊，换你一张是公平的。”我继续耐心开导，看女儿紧紧地护着她的钱，我又说，“你看，一元钱可以买两袋干脆面，两张五角钱也可以买两袋啊，所以我们这么换是平等的。”

“那也不换，我就是不换，买干脆面我就拿一元钱去……”

看着眼前不开窍的女儿，我心头一惊：真的是应该早点让她接触钱，早点让她去小卖店买东西。从那以后，我一周给孩子一元零花钱，她不花的话就自己存着。天热的时候我鼓励女儿拿钱去买冰棍，她喜欢的小布丁是五角钱一根的，所以比较容易算账。女儿大一些的时候，我和她爸爸把要买的东西写下来，然后我带孩子去超市，让她买了回来卖给我们，允许女儿加适当的利润，这样孩子对“买进卖出”有了一点兴趣。我们也会偶尔参加小区妈妈自发组织的跳蚤市场，我鼓励孩子自己标价，自己和邻居的孩子做交易，并且事先告诉她怎样讨价还价。

我们开车去自驾游的时候，快到服务区时，我们也鼓励女儿自己算时间；到了服务区，我会趁先生加油的时间，带孩子转转小卖部，让孩子挑自己喜欢的东西，而且告诉她加油站的商品哪些比我们家附近超市里的卖得贵。比如，女儿爱吃的海苔，在北京的超市里促销时不到50元一桶，而在外地有时候会卖到60多元。通过比较价格，孩子觉得在服务区购买不划算。在北京的各大超市，女儿比较在意的是她经常喝的牛奶，在有些超市卖65元一箱，促销时卖60元或55元，也有卖40

多元的时候，所以孩子跟我到超市买牛奶时，都是由她决定买与不买。

经过长期观察，我发现女儿应该是右脑比左脑发达的孩子，于是，我也不跟孩子强调数学一定要考高分，只是在实际生活中注意培养她的“数感”，让她知道学好数学非常有用。我们曾经一起设计过门厅柜，一起做烘焙时对配方的量做过一些改变，并且核算各种成分的比例。有一次，带孩子去超市买抽纸时，有两种她喜欢的纸都在做促销，她一直拿不定主意买哪一种，我就告诉她自己算算哪种价格更低。于是孩子站在货架边仔细比对，发现一种抽纸5包，每包90抽，另一种是3包，每包150抽。女儿借助手机算出了第一种的每抽价格，然后乘上450抽，发现还是买第二种合适。走出超市，孩子高兴地说：“真的应该学好数学，要不然买东西都会吃亏。”

孩子在延学期间连续竞走三个月，白天我鼓励她自己下楼去走，她一般也会先算一下时间：原来一圈要走多少分钟，有多少步数，这趟计划走多少步，需要走多少圈，总用时多长时间。到约定回家的时间我给她开门，这样我们彼此更安心，这也是孩子觉得数学计算有用的一个实例。

虽然女儿的数学计算能力比较弱，但是经过实际生活中数感的培养，她的方位感和理解能力有所提高，一直也没有害怕学习数学，并且始终对数学有学习的热情。

金萍妈妈支招

对小学阶段数学学习能力稍弱的孩子，家长可务实一点，尽量不要让孩子从小就去学难度大的思维课程，那样不但事倍功半，而且有可能会让孩子产生自卑心理，甚至从小害怕、厌倦数学。我们可以从实际生活入手，教孩子买东西时对价格进行比较，对家里的小家具进行测量，让孩子觉得学数学有价值。只要孩子对数学不反感，家长慢慢引导，总有一天孩子会顿悟，会找到学习数学的窍门。

规划小结

无论是男生、女生，不是每个小学生都是数学“学霸”，这是家长应该直面的现实问题。孩子的左右脑发展不均衡，导致他们对数的敏锐度不一样。左脑发达的孩子一般分析能力、逻辑推理能力、对数字的感觉都会强一些，所以他们学数学比较轻松。

右脑发达的孩子在音乐、绘画方面有优势，而且他们的想象力、空间几何认知能力都比较好。这类孩子即使在小学阶段数学成绩不是很好，家长也不用着急，到了初中、高中，数学增加了几何的学习内容，那时他们的优势就会逐渐显露，数学成绩不会与左脑发达的孩子拉开很大的差距，甚至还有可能反超他们。

第3章

心灵和人格的塑造离不开艺术的熏陶

才艺课如果选定了就要坚持，不要相信“艺多不压身”，孩子上小学阶段的时间十分宝贵，发展一两项才艺就好；把一项才艺学到业余顶级，可以给孩子树立足够的信心；学才艺时前两年以培养兴趣为主，后面再适当提高要求、适当参与考级。

别让“多能”压垮孩子

2020年是极不寻常的一年，女儿在“小升初”的过程中，接到了北京市三所民办校的录取电话，有两所都是海淀区的好学校。不过，她的确不算是邻居口中的“学霸”，尤其是数学方面，奥数类的题她基本不会。

从这次升学的情况看，民办校的要求是全面发展，尤其是英语和钢琴要好；公办名校的要求是优先选拔校内成绩好的孩子，还有一些民办校是看数学学习能力的，所以家长不必面面俱到，最好从小学起让孩子有个方向，不要被“多能”压垮。

有一个小姑娘香香，在校外上了8个课外班：一周有一次书法课、绘画课、舞蹈课、钢琴课，还有半天英语课、半天奥数课，三年级又报了中文写作和阅读，还要上文言文培训班。这还只是平常的课外班，一到寒暑假就更忙了，又是考级，又是特训。这个女孩的专注力很好、理解能力强，在校内成绩已经很好了，以她的学习能力，即使不上校外的培训班也没有问题的。香香比一般的孩子要胖一些、高一些，所以自认为是大姐姐，很懂事，家长让上什么课就上什么课。香香由于压力过大，经常无缘无故地拉肚子，在来月经之后，经期非常紊乱，孩子痛苦不堪，家长也为此忧心不已。

我一个好朋友的儿子乐乐，从幼儿园起就智商非凡，而且他爱阅读，有过目不忘的本领，进小学之前阅读的书籍，有些我都没看过，在一年级时他就能背化学元素周期表了。我问孩子的妈妈："乐乐看来是个高智商的孩子，你不准备让他去上早培班吗？"朋友说："孩子智商高是他的福气，我可不想让他过早地去拔高自己，以他现在的能力跟着正常的班级学习，才不会丢失童年的幸福啊。"乐乐从小只上了英语培训班和跆拳道，每逢学校放假，别的孩子都在补习或考级，乐乐却跟着家长到处旅行。

女儿从小智力平平，幼儿园时我没注意培养她阅读的习惯，加上幼儿园大班都没上完，在进小学后表现得不太优秀。那个时候我一度很着急，一方面培养她阅读的习惯（每天睡前必须看书，即使突然想起来有作业没做，我也不让她做了），一方面帮她安排英语学习。从幼儿园开始上钢琴课，后来又被学校选入民乐团学琵琶，二年级得知中央芭蕾舞团有招生名额，也麻利地报名了。其实，现在回想起来，孩子的时间的确安排得有点满：周一学钢琴、周二学琵琶、周四学芭蕾舞、周五学琵琶、周日学英语和乐理。女儿的业余时间安排得过满，以至于从小没有时间多做数学题，尤其是计算能力没有练出来，所以到了三四年级，数学学习的压力就出现了。到了五年级第二学期，我们把芭蕾舞课放弃了，钢琴考完英皇八级后也把课停了，英语已经学到了自己可以从容应付的程度，她的琵琶学得不错，在民乐团也成了首席。从此，女儿明显学习起来游刃有余，有时间复习课内知识和做题，考前也有时间复习了，还有大量时间阅读中外名著，所以在小学高年级的时候，孩子的文化课成绩进步了很多。

家长学会“断舍离”之后，孩子才能学有所获，并且找到真正的兴趣点，走上正确的发展之路。

金萍妈妈支招

无论男孩、女孩，才艺的培养都不可能面面俱到。发展自己的长板、弥补自己的短板，家长可以通过用心观察，找一找适合自己孩子的路子。在小学一二年级，孩子的性格和喜好会有明显的倾向，这时候家长要抓住时机，果断地舍弃一些培训班，把时间放在两三个重要的兴趣班上。比如，可以学学艺术和体育。国内的优质中学，有体育、音乐、科技等特长的孩子在报考高中时会有一定的优势。初中入学都是大派位，也有个别数学能力强的孩子可能有机会进入一所好的中学。总之，适合自己孩子的才是最好的，别让自家宝贝成为“多能”选手，否则会浪费孩子的很多时间和精力。

●●● 规划小结 ●●●

无论是从升学还是今后的工作需要来看，孩子真的不需要“多能”。如果是喜欢理工科的孩子，在数理化方面拔高一下就行，没必要又是报写作阅读班，又是报文言文班；如果是才艺好的孩子，想走专业发展，就好好发展一门才艺，文化课跟上校内的学习进度就行。

艺术类的学习，要有追求且有要求

女儿在疫情发生之前已经结束了琵琶十级的课程。疫情期间她在家练习，后来中国音乐学院要求传视频考试。孩子的钢琴也早在五年级时就考完了英皇八级，只是差了4分没考过，我没有要求她第二年再考，因为到了英皇八级，孩子已经可以自学钢琴了，而且前面那些年学到的钢琴基本功也不会丢，等大学有时间了，捡起来很容易，所以女儿六年级时没有继续学钢琴。但是疫情期间，很多孩子报的钢琴考级都顺延了，他们又不能去老师那里学，只能通过视频跟着老师学。家长对此多有抱怨，认为线上课很贵，效果还不好，不学吧，又觉得把学了几年的琴丢下怪可惜的。同样都是幼儿园中班或大班开始学钢琴，为什么有的孩子到五年级就学到了钢琴业余最高级，而一些孩子才勉强学到六级、七级，更有甚者一直连中央音乐学院五级都考不过？

我观察了一下，有些家长对孩子学才艺没有什么追求，只想着把证书考下来，升学时可以当敲门砖。在没有追求的情况下去学才艺，孩子和家长都体会不到学艺术的乐趣。有的家长对孩子学才艺没有要求，想着孩子会就行，不关心孩子能学到什么级别。这些家长不知道，孩子学艺术类，如果到小学毕业时没有学到一定的水平，到了初中因为学业紧张可能无法继续学习，想等大学再继续学，难度太大。以钢琴为例，一般考过中央音乐学院的六级后，实际上才刚跨进音乐的大门，所以要么不学，要么好好学，不然学到六级就放弃，之前的钢琴就相当于白学了。

学舞蹈也是如此。女儿在幼儿园时学过民族舞，当时考级要求松，大班时就考过三级了，我以为孩子的舞蹈功底很好，也适合跳舞，所以小学时给她把民族舞换成了芭蕾舞。平常上学期间一直坚持跳，但是寒假、暑假芭蕾舞团开的基础班、提高班，我们嫌离家远都没有参加。渐渐地，每期落后一点，没有连续接受基本功训练，等孩子停了2个月再去，跟小伙伴就差了一截。那几年我都没重视女儿的舞蹈基本功练习，到了9岁多，她练压腿时一直说疼，慢慢地对去学芭蕾舞也不怎么热情了。在舞蹈学习上，我们是有追求的，我想着女孩学几年舞蹈，身姿会更舒展，身体的柔韧度好，走路时姿态都会漂亮一些。女儿小学阶段学舞蹈我一直不赞成考级，所以每次考级前的集训我们都没有参加，这其实是很可惜的。因为没有要求，我们错过了必要的连续学习和刻苦锻炼，导致孩子进度慢，在班上没有成就感，以至于后来对学舞蹈越来越没有兴趣了。

有一个朋友的女儿，她在芭蕾舞团一周上两次课，在学校还参加了一个舞蹈社团，周末在文化宫又参加了舞蹈培训。这个孩子的基本功特别好，在芭蕾舞班上经常被老师夸赞，让同学羡慕，下了课家长也围着她取经。这个孩子越来越自豪，也越来越喜欢舞蹈，从来不用家长催着去上课，练功也是自觉自愿。在芭蕾舞团参加天桥剧场的演出时，她成了无可争议的主角，五年级时她开始准备考中央芭蕾舞团的附中，即使在疫情期间也没有放弃练基本功。

在女儿学音乐这件事上，我们算是既有要求又有追求的。经过几年的刻苦学习，女儿在小学五年级第一学期就考过了英皇乐理五级，下学期就学完了钢琴英皇八级并参加了考试；六年级时，琵琶考过中国音乐学院十级，从初中开始，寒暑假还继续跟着中国戏曲学院的老师学习。

金萍妈妈支招

不管孩子想学什么才艺，家长都要考虑一下：孩子的业余时间是否够？孩子是否真的愿意学？家长是否有陪孩子一起坚持的决心？有的孩子是看小伙伴学了，心里羡慕，所以也想学学，自己未必是真喜欢。这时家长可以告诉孩子会考虑一下，拖几个月，看看孩子是否继续表达想学的愿望。如果经过三四个月，孩子还想学，家长就可以顺水推舟，跟孩子约定好学才艺必须遵守的章程。

如果孩子已经在学才艺了，但学着学着，想换一个，这时家长要慎重：要么继续坚持学习现在的才艺，跟孩子说把这门才艺学到业余最高级，再学新的才艺；要么停了现在的才艺，暂时不给他报想学的，拖上一段时间，让孩子想清楚了再答应他。这样做的主要目的是考察孩子。见一项学一项，或者学一项丢一项，不利于锻造孩子的毅力。

●●● 规划小结 ●●●

才艺学习是一个很艰苦、很漫长的过程，但孩子在童年时期学一两门特长又是必需的，所以家长要认真考虑、观察，找准方向，然后和孩子一起坚持。经过6年的学习与练习，孩子总会在某一方面有所收获，这项特长也将成为孩子一生的资本。

学习钢琴没有捷径

女儿从4岁多开始学钢琴，一开始她的理解能力差，对音乐知识掌握不扎实，在小学一年级暑假，通过了中央音乐学院的初级音基之后，才对音乐有一点点感觉。二年级暑假，女儿通过了中央音乐学院钢琴五级的业余考试，这之后她学钢琴的热情越来越足。从六级起，女儿学钢琴时就不让我在一旁陪着了，练钢琴也是她自己练，从来没找过陪练。

到了孩子四年级，我又花了近一年的时间让她学英皇乐理：一级到五级。这一过程也是艰难曲折，因为英皇的乐理有作曲，还有很多对世界音乐史的考查，不像中央音乐学院的乐理，有一部分名曲欣赏，孩子们只要记住考级书里指定的名家、名曲，就能拿到及格分。女儿刚开始把一级到五级的基础知识全学完了，做题也只能得40多分，后来又把所有的知识分批背了一遍，一考试也只得50多分。那是一对二的课程，一次课要几百元，一看上课效果不好，我跟女儿商量要不把乐理课退了吧。当时女儿委屈地跟我哭诉道："你怎么就知道我不努力了，你怎么就知道我不行？”孩子的这句话震惊了我：“是啊，都坚持五六年了，难道就这么放弃吗？”在后来的乐理学习中，女儿很踏实，也很努力，慢慢地她能考到七八十分了，有一次她甚至考了90分；乐理老师见孩子进步大，就给他们加大难度，拿出以前的繁体字试卷考孩子。令我吃惊的是，女儿居然通过考前练习认识了很多从来没学过的繁体字，这真是“无心插柳柳成荫”。我想，不管乐理考没考过，这意外的收获是孩子又多了一个本领。最终，孩子以优良的成绩通过了英皇五级的乐理考试，她也因此信心大增，越来越喜欢音乐了，并且写了一篇名为《音乐中甜蜜的滋味》的作文来表达她对音乐的热爱。

有的家长本来也想踏踏实实地让孩子学音乐知识，但禁不住诱惑，看到有速成班，就让孩子去参加，据说7天的学费是五千多元，保证孩子能通过考试。我觉得这样的速成班并不是很好，谁能说孩子在7天内能学到别的孩子学了1年的乐理知识？尽管通过这样的速成班也能拿到高分通过考试，但我是这样跟孩子说的：“学到东西才是真的，把乐理知识学到手比什么都重要。”

学钢琴是个苦差事，而且没有捷径，也不能急于求成，这些我深有体会。我经常劝周围的朋友，学什么本领孩子都终身受用，也可以终身学习，没有必要给孩子太大的压力。有一些年轻的妈妈问我，是不是乐器中只有学钢琴才是最好的选择？我告诉她们，学钢琴就像我们学手动挡的车，如果你不是真的喜欢，不是职业要求，没必要浪费那个时间，学个自动挡的车，又快又省劲儿，何乐而不为呢？

在乐器中，钢琴、小提琴等西洋乐器用的是五线谱，对小学生来说，他们光看乐谱就费劲，还有就是钢琴需要左右手同时弹奏，而且两手的分工很明确，弹奏起来非常费劲，我把学这种乐器戏称为“学手动挡的车”，学起来吃力又不讨好。

中国的民族乐器虽然弹起来不容易，但它们都是“1、2、3、4”等简谱，看见数字就知道是什么音。学习时只要专注练乐器就行，孩子们学起来会容易很多，所以我把它们比喻成“学自动挡的车”。

金萍妈妈支招

学乐器真的并非钢琴不可，孩子如果喜欢钢琴，家长又有时间陪着学，或者家族中有学相关专业的，可以学学。想要达到钢琴业余顶级，没有六七年时间，不花费二三十万元，是学不下来的。如果孩子在小学毕业之前没有学到钢琴六七级，他就还不具备自学能力和识谱能力，如果小升初后因为学业负担重中途停止了，以后等到上大学很难拾起来再学。

如果孩子特别想学一门乐器，上了小学可参加学校的乐器社团选择一门乐器学学。除了钢琴和少数乐器以外，其他的乐器都是简谱，学起来容易上手，孩子也容易出成绩，这样他会越学越喜欢。如果孩子对学校的社团没兴趣，也可以带他去乐器店转转，看看他自己对什么乐器感兴趣，再带他去试听相关课程，再决定学与不学。另外，小时候一门乐器都没学的话，孩子到了大学照样也有学乐器的机会，大学里有很多社团，同学之间都会免费教。

●●● 规划小结 ●●●

对音乐家或从事音乐教育的专业人士来说，钢琴的确是“音乐之王”，它是学好一切乐器的基础。学钢琴最好从四岁半以后就开始，因为孩子小时候听音的能力很强，如果六七岁才开始去学钢琴，孩子的音准会差很多。另外，如果学钢琴，一定要在学习一年左右就开始学乐理，孩子掌握了基本的乐理知识后，再上钢琴课时会轻松一些，他们吸收、领悟得也会好一些。如果没有学钢琴，也不影响孩子将来学别的乐器，家长们对此不要着急，等到孩子大一些了，他的理解能力会强一些，学什么乐器都会更快一些。

让孩子至少学一门才艺

女儿学钢琴6年多，学琵琶5年，我一直以为她也就是会弹几首曲子而已。她小学的最后一年一直说自己越来越喜欢音乐，不希望学校的音乐课被占用，我当时只是把她的话当小孩子的顽皮话听听。

期末复习时，孩子的书包越来越重，我劝孩子清理一下，把暂时不需要的东西放在家里。看到一本被清理出来的作文本，我忍不住偷偷瞄了一下那学期孩子的作文，惊奇地发现她写的七篇习作里，有三篇是专门写音乐的，有一篇虽然题目是写变化，却也加进去了音乐方面的内容，并且这些写音乐的地方都被老师点评了，都是大大地肯定。看着那本写了很多“音乐”字样的作文本，我才相信孩子的确喜欢上了音乐，这并不是我以为的那种“会弹几首曲子”“考过业余顶级”的自豪感带来的喜欢。

孩子的才艺课学到什么程度算是有收获呢？不一定是孩子非得考到哪个级别，也许在我们看不到的地方，才艺同样滋养着孩子，从外表到心灵。

首先，学才艺可以丰富孩子的经历，让他跟别的小朋友多一些可以交流的话题。学音乐的孩子在一起玩时，他们会探讨歌星、演奏家，或者自学他们的名曲。自从三年级给女儿买了手机，她自己在网上学了很多流行歌曲，我开车带着她出去时都不用开广播，孩子一曲接一曲地唱。在学校，因为女儿学歌曲快，也会视奏，所以有什么节目需要配乐，同学们总是先找她，这让小家伙相当自豪。

其次，学学才艺，可以给繁重的学习适当减压，为家庭生活增添情趣。女儿到四五年级时，钢琴已经弹得不错了，那时候到了期末复习时老师布置的作业多，我就不怎么要求她练钢琴了，但是女儿却主动要求练会儿琴，她说弹琴可以让她放松。从孩子三年级起，我开始写作，平常除了带孩子上各种课，接送孩子，每天还要写大量的稿子。不写稿子的时候脑袋里尽是想着那些写得不完美的文章，一直在想怎么修改，有段时间很焦虑，经常失眠。于是，在孩子练钢琴的时候，我特意过去坐下来听听。果然，听着音乐整个人瞬间就能放松下来，感觉自己又回到了孩子刚学钢琴的时候，自己就是孩子的粉丝，大脑里想着的作品和焦虑都被曼妙的琴声赶走了。

再者，孩子学才艺课学到一定水平了，经常会有上台表演的机会，这正好可以锻炼孩子的胆量，让他以后在大场合也不会怯场。女儿上一年级时，学校给新生专门组织了一场元旦晚会，那时她弹《巴赫》这首曲子弹得不错，被老师推选了上去，结果孩子一上场有点紧张，还弹错了一个音。后来直到学校的琵琶组参加中国戏曲学院的“高参小”汇报演出，女儿才有了再次上台的机会。那次虽然也有一点点紧张，但比第一次强多了。从那之后的几年里，女儿所在的民乐团每年都有两三次比赛，还去过两次梅兰芳大剧院演奏琵琶。不管是区比赛还是市里的比赛，即使是上大舞台，女儿说她从来不紧张。有一次女儿去参加琵琶老师推荐的北京市民族乐器大赛，别的孩子都紧张得直发抖，女儿却说：“有什么好紧张的，梅兰芳大剧院我都上过，没什么可害怕的。”

最重要的一点是，让孩子坚持一两门才艺，父母在跟他们一起学的过程中如影随形，和孩子共同成长，这是一笔可贵的亲情财富。孩子大了总要离开父母，独自去求学，或是出去闯荡，当他累了、烦了、想家了，他能拿出自己喜欢的乐器，吹一吹小时候跟父母一起练过的曲子，跳一跳父母看过的舞蹈，画一画父母当年夸赞过的那幅画，这时孩子就会感觉父母似乎还在身边，仿佛自己又回到了家里、回到了童年，这难道不是我们和孩子之间共同的情愫？这难道不是孩子和我们维系亲情的纽带吗？家长拿什么留在孩子将来的人生里？拿什么陪伴孩子一生的悲喜？陪孩子学习才艺的那些时光，都是孩子可以终身回忆的美好画面。

从我女儿的作文看来，才艺学习是有助于文化课学习的，小学阶段要如何协调这二者的关系呢？我想最主要的是家长要知道学习才艺的重要性，让孩子学一两门才艺课，不要让孩子长大了成为“学习机器”，成为一个无趣的人。

金萍妈妈支招

无论孩子多忙，无论您多么看重孩子的文化成绩，让孩子在小学阶段学一两门才艺，都是非常必要的。在学习才艺课的过程中，孩子会懂得要学到本领就要勤奋；在坚持的过程中，孩子会知道机会是给愿意付出的人准备的；在孩子学到一定水平时，他拥有了一项拿得出手的特长时，也会更自信；孩子走向社会、走向工作岗位，他也需要一定的才艺展现。

不过，孩子学才艺也不要学太多，否则不仅耗金钱，更耗时间。没有一个孩子可以十八般武艺样样精通，所以选择一门才艺坚持下去，学精即可。

●●● 规划小结 ●●●

新时代的孩子，最好能会一门乐器，或别的才艺。就算升学没用上特长，以后工作单位开年会，社区里组织活动，这些才艺都可以用来表演，为社交提供更多的机会。

学才艺这件事可以丰富孩子的生活，而不仅仅是学习文化知识。才艺学有所成后，尤其是进入初中、高中之后，孩子在学校有一两项拿得出手的才艺，就不惧怕在同学们面前表演节目，这无形中也增强了他们的自信心和融入感。

如何让孩子保持学习才艺的兴趣

我女儿四岁半开始学钢琴，六岁半学琵琶，在学琴之初，我曾经暗暗下定决心：不考级、不比赛，让女儿保持学才艺的兴趣。学着学着，我发现还是要适当地考级或参加比赛，不然一直不出去演奏，孩子没有仪式感、成就感，很容易丧失兴趣。

女儿学钢琴学到三级都没考过级，所以我们不知道要学音乐基础，只理所当然地认为学钢琴就是练习如何弹奏。没想到孩子到了四级学起来很费劲（那时她上一年级），很多次都闹情绪不想去上课。我了解到是因为女儿缺乏乐理知识，钢琴书上的很多符号和节奏要求不清楚，光听老师演示几遍回家练习效果不好，所以我们决定考中央音乐学院的初级乐理。学习乐理用了半年多的时间，一年级的暑假，孩子顺利通过了初级乐理考试，后来弹四级、五级的钢琴曲子都很轻松。那时女儿参加了学校的民乐团，刚接触琵琶半年，由于有一定的音乐基础，她学起来比同龄的孩子都要快，经常得到老师的表扬，所以尽管练两门乐器，她依然没有反感过。

到二年级的暑假，女儿顺利通过了中央音乐学院钢琴五级的考试，大概从那时开始，她才真正找到了学音乐的乐趣。从学六级的曲子开始，孩子学钢琴和练钢琴都不需要我陪着了，她自己能理解老师教的内容，也能独立完成老师布置的作业。钢琴老师问我们要不要接着考六级，我想起女儿考五级前每天练五六个小时的钢琴，她练得很烦躁，我也很焦虑。我告诉钢琴老师，我和女儿说好了：考五级只是为了看看要努力到何种程度才能通过，看看自己考级时的状态，看看自己是不是真的喜欢钢琴，考完五级绝对不会年年去考级，先踏踏实实学几年，到自己能力足够好时，再考个业余最高级。

老师清楚了我们的想法，她就开始根据女儿的特点教学，除了一级接一级地教考级钢琴曲和指法练习，她还教了几十首《巴赫》。这些曲子左右手的弹奏都要求一样精湛，音乐也相当好听，所以女儿学得很愉快。为了更好地给女儿打好音乐基础，我在女儿四年级时又让她学了将近一年的英皇乐理知识。尽管女儿已经考过中央音乐学院的乐理初级，但我还是让她从一级到五级重新学一遍。那次孩子学得比较扎实，她以较高的分数通过了英皇乐理五级考试，后来她又考了英皇钢琴八级。

在学钢琴方面，我们一方面注重学基础知识，一方面适当地参加考级，尽量不参加比赛，这样的安排相得益彰，所以女儿学习钢琴的兴趣一直保持得很好。

女儿所在的琵琶声部是学校民乐团的主力，所以学琵琶以来，她们参加了两次丰台区艺术节比赛、两次北京市“国戏杯”比赛，并且每年还要参加一次中国戏曲学院的汇报演出。

从二年级第二学期开始，孩子期期都有演出、比赛任务，琵琶声部的孩子们虽然相当努力，学曲子比其他声部都快，但一到快比赛的前一两个月，大团合排的时候，琵琶声部不得不陪那些学得不太好的声部的学生一遍又一遍地排练。女儿因为课余还要学钢琴和芭蕾舞，所以没有机会上文化课的培训班，而乐团排练耽误的课，学校老师也没法给补上。

后来又连续发生了快比赛前整周下午3点后集训的事，不仅耽误孩子的文化课，家长们也经常在寒风中或烈日下一等好几个小时（因为集训时间不定，接孩子的时间不好固定，家长们只好在校门口等着放学），女儿渐渐不想学琵琶了，经常喊着要退出民乐团。我考虑到琵琶是中国传统乐器，又有大学老师免费教导，这么好的机会当然要抓住。于是，每次上琵琶课，为了鼓励孩子坚持学习，我都去学校当义务助教，帮琵琶老师打印和复印曲谱，帮学生绑指甲、调弦；女儿参加演出，我也积极地去当志愿者。慢慢地，我跟琵琶老师的关系越来越好，她也经常鼓励女儿坚持下去。女儿跟着梁老师从二年级一直学到六年级，到小学毕业时拿到了中国音乐学院琵琶十级证书。其实我对孩子考级也没有什么要求，只是觉得她既然学了，梁老师也提供考级相关的指导，如果能考到业余顶级，让孩子看到自己坚持的成果，没什么不好的。

金萍妈妈支招

孩子喜欢什么才艺，经过幼儿园三年的观察，父母基本就能总结出来。学乐器和舞蹈，需要孩子练童子功，所以需要学得早一些。如果孩子在外面报了一种才艺课，建议在学校社团可以报个其他专业的社团课程，这样既丰富了孩子的才艺，又能保持孩子原先学才艺的兴趣。

无论在机构上才艺班，还是在学校参加社团，家长都不要给孩子安排太多的考级和比赛，这很耗费孩子的精力，也容易打击孩子的积极性。一般考级和比赛分开，两三年考个级，中间不考级的时间偶尔参加一个比赛，这样既给孩子一定的动力，也不会让他们有太大压力。

●●● 规划小结 ●●●

孩子在学习才艺期间，适当地参加比赛和考级，都是保持孩子学习兴趣的有效措施；如果比赛和考级太频繁，肯定会打击孩子的积极性，结果适得其反。从中考的新政策来看，那些才艺证书对孩子小升初其实并没有太大帮助，所以家长要调整心态，学才艺就是学才艺，想要孩子终身受益，就不要太功利化。

学校社团如何坚持才有效果

一年级时，女儿很幸运地成为全国第一批“高参小”学员。那时孩子的钢琴学到了四级左右的水平，班主任在班里挑有音乐基础的学生参加民乐团，于是，女儿被选到了她心仪已久的琵琶声部。

在北京学钢琴很容易，到处都是钢琴培训中心。女儿上幼儿园时想学古筝，但是幼儿园不让小班的孩子学乐器，她只能天天去古筝教室的门口偷看，等女儿可以报乐器的那年，幼儿园的古筝教学停掉了，只能报钢琴了。

盼了好几年没学上的民乐，在一年级第二学期居然有了机会，而且还是在校外难得找到培训机构的琵琶，并且是大学老师业余时间直接下基层教授琵琶（这是国家的新政策“高参小”项目），这太让我们兴奋了。刚开始很多朋友劝我把孩子的钢琴课停掉，只学琵琶，他们说民族乐器前景不错，可以让孩子搏一搏。

当时我犹豫了很久：如果停了琵琶去学钢琴，那前面学了三年的钢琴课就白费了，要是孩子对学习音乐不能坚持下去、没爱上音乐，没有把琵琶坚持学下去怎么办？如果一开始就让孩子学会了半途而废，那还能指望她将来做事有毅力吗？学钢琴的同时我们也在学乐理，那是和琵琶学习息息相关的知识。另外，学习钢琴已坚持到四级了，基本过了“厌烦期”，这时放弃它转头去学别的，还得从头再来，也得经过两年的磨合，才知道孩子能不能学下去。如果要让孩子走专业学琵琶的路线，只学琵琶应该是最轻松的选择，但是我并没打算让孩子只走这一条“胡同”，我希望她先保持兴趣，等到她自己可以选择了，再让她选择怎么走。如果我在她还很小的时候就把其他的路都给堵上，只让她走琵琶学习之路，一旦她将来不感兴趣了，学不好了，再回头学钢琴就晚了。后来，我决定把钢琴和琵琶都当成业余爱好让女儿先学着，以后由孩子自己定夺。

就这样犹豫着学了一个学期，孩子学得没什么起色，第二学期我们商量着准备退出民乐团。结果刚开学第一天，女儿回来说他们的琵琶老师换成了一位业务水平很厉害又很漂亮的老师，她很喜欢，并一再请求我：“妈妈，我下次上课的时候，您去学校看看这位老师，我们再决定退不退，行吧？”后来我去学校旁听时，一眼就喜欢上了那位梁老师，她的教学速度和方法令我惊叹，于是我们决定暂时不退出民乐团。

那一年，学校领导抓民乐团也很用心，要求我们家长每周去学校跟孩子一起学，她们学的内容我们家长志愿者都录音、录像，发在群里，孩子们回家照着反复练习。那个学期，琵琶组的孩子们学会了五六首曲子，对琵琶学习的兴趣空前高涨，家长们也有了信心。有时候孩子们不会弹或者不太懂的曲子，家长都会在声部微信群里问老师，老师们也都有问必答；遇到通过微信沟通不清楚的问题，有的家长甚至开车十几公里去找老师当面请教。

梁老师上课非常生动有趣，有一次教四级里的学习曲《大浪淘沙》时，梁老师先给学生们讲琵琶分文曲和武曲，这首是文曲，又讲《十面埋伏》是武曲，并弹奏了一段《十面埋伏》。接着老师又说武曲是激昂的、活泼的、喜悦的，文曲是低沉的、悲伤的、哀怨的。看到孩子们似懂非懂的眼神，梁老师绘声绘色地讲道："我读附中时的学校在恭王府的后面，师姐们见我不懂什么是悲伤、哀怨，她们劝我晚上天黑之后，到恭王府的后门口去坐坐，听听那里的风声，感受一下阴森森……""哎呀！"有位同学突然尖叫一声，我们正听得津津有味，冷不丁被她吓了一跳，接着姑娘们全都哈哈大笑起来。就这样，孩子们一下就记住了琵琶的文曲和武曲，明白了弹《大浪淘沙》该有的情愫。

民乐团建立之后，学校一周就三次课，一次学琵琶、一次练琵琶、一次民乐团合奏。每次放假之前学校都会请中国戏曲学院的老师过来集训几次，给孩子们留假期作业。那两年，不但女儿忙，她要练两种乐器，我也忙，每周去学校陪练三次。孩子上二年级时，我的确很多次想劝孩子放弃一门乐器，直到有一次我们去人民大会堂观摩了一场音乐会，我们才决定两样乐器都坚持学下去。

学乐器首先要培养孩子的乐感，在过去几年的钢琴学习中，女儿培养出了一定的乐感；在学乐理的过程中，她也掌握了一定的音乐基础，这些都有助于她学好琵琶。因为两门乐器都有课后练习，所以我们制订了详细的练琴计划，女儿也很自觉地按照这个计划在练习，她竟然五年级就考完了英皇钢琴八级，到六年级就只需要专注练琵琶了。

琵琶的考级和比赛我们没有刻意参加，基本都是假期有富余的时间就报考一门。去考级或比赛之前，也会请专业老师指导，回家勤练。在安排才艺的学习时间方面，我们以钢琴学习为主，琵琶学习只占三分之一的时间。那时候我跟孩子商量好了：小学先把钢琴学到业余顶级，上了初中和高中还要坚持学习琵琶，音乐学习不能急功近利。所以不管什么比赛、考级，孩子都是本着学好曲子的目的去参与的，这几年下来，女儿对琵琶的学习兴趣越来越浓。钢琴考完英皇八级就没有再往下学，只是在节假日的时候孩子会自己练一练曲子，当个大玩具玩一下而已。

女儿到六年级时，我终于找到了一位很好的校外琵琶老师，这样每周在校外学一次，在学校学两次。女儿一有空就拿起琵琶练曲子，直到把中国音乐学院的琵琶十级考过了她也没放下。这时，我觉得孩子的乐感和乐理真的是培养起来了，音乐已经成了她生活的一部分。

有些家长，一看孩子进了学校社团，以为从此可以高枕无忧了，殊不知，每一个社团都是“大锅饭”，孩子吸收的程度不一样，学习的兴趣是不一样的，他能坚持的时间也不一样。参加社团学习只是一个激发孩子兴趣点的引子，是否真正学到了本领，要看家长的重视和付出程度。和女儿一起学琵琶的孩子有12个，当时坚持下来的有9个，后来一直喜欢并一起考到九级的有4个，到学十级时就只有女儿还在坚持。

如今，女儿的琵琶已经考过了中国音乐学院十级，荣获了很多民乐团、琵琶比赛的奖项，而且她也在学校民乐团里做过琵琶的首席弹奏。最重要的是，女儿越来越喜欢琵琶，而且因为她乐感较好、音乐修养好，在小学一直担任班级的音乐课代表。到了初中，她除了当音乐课代表外，还进了班委当上了文艺委员，这使她非常开心和自豪。

金萍妈妈支招

孩子的才艺学习不要安排得太多，尤其是上小学之后，学校的社团每期都有演出或比赛任务，所以孩子上台锻炼的机会多，家长不必给孩子安排很多展示才能的比赛。不过，家长要重视学校的社团学习，要让孩子勤加练习，上台表演的机会只会留给优秀的学生。如果孩子对所学的才艺有兴趣，最好在外面找机构的老师指导一下，参加考级，适当地提升孩子的能力和等级。

家长不要以为在学校上了社团就一定能学到很多东西，这不尽然，一般学校会根据比赛和演出任务来教孩子，所以要学好扎实的基本功，还是要找专业的老师一对一地教，回家再刻苦练习。

●●● 规划小结 ●●●

孩子选择一个喜欢的学校社团很有必要，他们不仅在社团里学到了知识，还能交到志同道合的朋友。不管什么社团，孩子选定一门好好学习、坚持不懈，六年后，一定会取得意想不到的成绩。选社团不要贪多，学得多不如学得精。社团选好后，也不要换来换去，孩子的兴趣要学两年才能彻底被激发出来，家长对此不要心急。学校社团要出成果，孩子要学出效果，专注和坚持是取胜的法宝！

玩手机“玩出来”的小小摄影家

最近几年女儿养成了一种习惯：每次去公园看到别致的景物，都会用自己的手机随手拍下来；在没有要求她写日记的时候，有什么值得纪念的事，她都喜欢发在朋友圈里。

有些朋友的孩子都要上初中了，家长还犹豫着要不要给孩子买手机，向我咨询。我给出的建议是：可以买，必须买，尽快买。女儿用手机也有3年了，我觉得手机并没有导致她沉溺于网络。女儿的手机里基本没有下载过什么流行的游戏，因此也没有玩游戏的瘾；女儿手机里微信的支付功能只能收红包，她并不知道支付密码，所以也没有发生疯狂打赏或乱购物的事情。我有时需要录个视频，都是女儿用她的手机帮我录的。

有意思的是，一次我给一个报社投了一篇游故宫的稿子，编辑发表时给我一个整版，要求我在文章里补充一些照片，结果我怎么也找不到当时去故宫游览的照片。在编辑的一再催促下，我突然想起女儿在那次游故宫时好像拍了照片。我发现孩子的拍摄角度太特别了，照片给人的感觉很独特。我挑了几张发给编辑，她竟然一次就通过了，以前我自己的摄影作品发给编辑后，她都要反复筛选几次。在得知那些照片都是女儿拍摄时，编辑大加赞赏，并且同意作者和拍摄者分开署名。就这样，女儿的一组故宫摄影作品就发表了。这些照片的发表给了孩子很大的信心，以后不管走到哪里，她都会用手机不停地拍她认为有特色的事物。

孩子喜欢拍摄，也许跟我给她的暗示教育有关。女儿上幼儿园中班的时候，我买了个大照相机，就把以前用的小数码相机送给了她。在去旅游或去外省走亲戚时，我就鼓励女儿拿自己的小相机拍照。回家后，我们会一起看她拍的照片，并且点评哪些照得好，哪些还可以改进，当然，鼓励和赞扬是多过指正的。

女儿上小学三年级的暑假期间，先生给她买了一部新手机，我也没有反对，其实那时很多家长不赞成小学生用手机。我们让她把学习类的APP下载到自己的手机上，这样一来，女儿的手机除了学习就是拍照。我们平时也没有和孩子混用手机，这样既让她觉得手机是自己的私有物品，也让她觉得手机只是一个正常的电子产品，跟家里的冰箱、洗衣机一样，物尽其用就好。也许是一直这样放开地使用，让女儿觉得手机并不是什么稀罕物，所以她才没有对玩手机上瘾。

让孩子用手机自学拍摄，既充分发挥了手机的用途，又不像玩游戏会让她沉迷其中，所以孩子玩着玩着就成小摄影家了。摄影其实是可以自学的一门才艺，家长们可以根据自己孩子的特点，好好琢磨琢磨怎样能从玩中学。

金萍妈妈支招

孩子喜欢手机等电子产品很正常，家长越是监督着、控制着不让用，他们越是容易上瘾。与其让孩子天天跟家长为抢手机玩而吵架、闹别扭，不如给孩子买部手机并引导他们正确使用。如果孩子对照相感兴趣，我们就买部像素高的手机给他们去尽情地拍摄；如果孩子对运动很感兴趣，家长不妨让孩子带着手机多去户外跑步和走路；孩子喜欢发朋友圈记录生活也很不错，发的时候他们要筛选照片（提高审美能力），还要编辑文字（提高语言表达能力、写作能力），家长不用干预，这些比孩子沉迷于打游戏要好多了。

现在很多学校都有摄影课，也有摄影比赛，所以尽早让孩子用手机去拍照，去发现生活中的美，也是合理使用手机的一种方式。另外，喜欢摄影的孩子到户外运动的机会就会增加，因为要去发现不一样的风景，还有喜欢摄影的孩子情感会比较丰富，容易找到快乐，也容易对当下的生活感到幸福。所以小学阶段可以给孩子提供一些必要的摄影工具，让他们用自己的眼睛去发现、用相片去记录，不需要特意去参加摄影培训班，自己在玩中探索就行。

●●● 规划小结 ●●●

孩子们在小学阶段发展一些兴趣爱好是必要的，但也不是每一种才艺都要去培训班学习，比如摄影、做手工、烘焙食物等，在家自己琢磨或者跟着家长多做做，自然就会了。

俗话说：爱挑的担子不嫌重。孩子自己感兴趣，自己摸索出来的东西，自己创作出来的作品，如果家长给予及时的肯定与鼓励，他们会越来越有兴趣、越干越起劲儿，这比让他们去上培训班花钱又不情愿要强很多！

小学阶段并不需要刻意学绘画

女儿上一年级时，想让我给她报画画兴趣课，我没同意。因为我听很多家长说过孩子的绘画学习经历，一些培训机构的老师就是教孩子怎么画得像，而不告诉孩子为什么这么画，保证孩子们每节课学下来都能交给家长一幅好作品，但很多都是培训班的老师帮他们修改甚至是代画的。家长不知实情，还以为自己的孩子具备绘画天赋，于是每周都逼迫孩子去画画，让孩子越来越没有兴趣。

有个小女孩，从小学过跳舞、弹钢琴、画画，到了小学，她把其他两门都放弃了，专门学绘画。小学二三年级时，小姑娘在区里比赛拿过奖，但是到了五六年级，我看她在朋友圈里发的画作都是一种风格，基本都是动漫人物。刚开始我还觉得她画得真好，暗暗地佩服，直到有一次我给她提了一个不同题材的绘画要求，她居然跟我说："阿姨，我不会画这种，我只会画动漫人物图像。"我说："你试一下，自己想象一下怎么画，画得好不好都没有关系。"

“阿姨，我想不出来，我以前画画都是照着画的，没看到的东西我画不出来。”不管我和女儿怎么鼓励，小姑娘就是不愿意尝试别的风格，这时候我真心疼这个孩子，老师把她的绘画能力禁锢了，让她不敢尝试、不敢挑战，想象力遭到了极大破坏。

我还认识一个小男生，他性格有点孤僻，3岁多才会说话，从来不愿意上培训班。这孩子不善于表达情感，尤其是口语交际能力不太好。但是，我看他每次上交的手抄报，画的画都是活灵活现的。三年级时，有一次学校足球节要求学生们画足球小报，我看了这个小朋友发在群里的小报，还以为他是上过绘画培训班的，但是女儿告诉我，他没有上过任何培训班，都是自己瞎画的，不过他画得的确不错。这位男生后来和女儿一起当了班里的美术课代表，他画的画也许不像上过培训班的孩子那样工于技巧，但是每次看他的画作，我都能读出不同的含义，也许他真的是靠画来表达自己的心声吧。

女儿每次因为画的画不如同学那么好而失落时（她认为画得跟老师要求的一样就是好），我总是鼓励她：“你又没上过培训班，画成这样已经很不错了，再说，你看看你画的画，色彩多么鲜明，这种搭配别人肯定想不到。”女儿在学校美术课上的画作，不管他们的美术老师评价如何，拿回家我都会认真欣赏，接着中肯地评价一番，然后把它贴在小黑板上，过一段时间有了新的画作，我再把原来的这幅画收藏起来，并且跟孩子说等将来画得多了，给她开个画作展览。一次在《现代教育报》编辑的微信朋友圈里看到征集绘画作品的信息后，我让女儿也参与画一画。那时孩子上三年级，画的主题是《我爱我的学校》，没有具体的要求，我也没有给孩子任何建议，她就自由轻松地画完了。我把女儿的画作拍在手机里，发给编辑，没想到被刊登了。不过，为了保护孩子的画画兴趣和信心，我没有让孩子去参加画画考级和比赛。所以，女儿一直都敢画，没有压力，这样其实也保护了她的想象力，让她从来不担心自己画得像不像。

画画是一件美好的事，它不应该成为孩子的负担，也不应该阻碍孩子想象力的发展，所以对小学生来讲，让他自己画画就够了，没有必要非上培训班学习。

金萍妈妈支招

跟钢琴、舞蹈等需要童子功的才艺课相比，绘画是可以晚一些学的才艺。尤其是在小学阶段，孩子们要学的东西太多，没有必要把画画当一门主课去刻意训练；可以让孩子自己想画就画，想怎样画就怎样画，这个不需要太多的技巧。如果想让孩子将来做设计这方面的工作，可以等孩子大一点了给他报个兴趣班学学。

对于有绘画天赋的孩子来说，如果指导不当反而会限制他的自由发挥，也会影响他们的绘画兴趣。这类孩子的家长要学会欣赏孩子，要时常鼓励孩子去画画，要努力“看到”孩子的心里话，然后在看画结束时真诚地跟孩子交流，这样，孩子会越来越喜欢绘画的。

如果家长希望孩子学一学绘画艺术，那么等孩子到小学中高年级，可以让孩子去学一下国画和软笔书法。这两项一起学效果会更好，如果遇到了对中国传统文学有见地的绘画老师，顺便也能学到一些古代的文学知识。

●●● 规划小结 ●●●

绘画是孩子表达心声的一种方法，他不需要任何培训就能画出来，尤其是性格内向的孩子，不愿意说的话可以用画来表达。画画其实就是一种表达方式，所以要让孩子随意地画画，不要过早让他们去接受技巧训练。

对喜欢画画的孩子来说，应该激励孩子自由涂鸦，以此来发挥他们的想象力，让画画成为孩子成长中的乐趣。

第4章

热爱体育运动的孩子人生有韧劲儿、学习有后劲儿

小学阶段要抓能力发展；小学的发展方向要与初中、高中相契合，给以后的学习打基础；无论是学业上，还是身体上，家长都是孩子的起跑线。

家长陪练出来的体育爱好让孩子终身受益

2020年因为疫情蔓延的缘故，学校延迟开学三个多月，但是女儿不但没有长胖，人还长高了五六厘米，反而比上学期间长得快。这与我们带她一起坚持运动有很大关系。

女儿和我春节后近四个半月的时间都待在家里，采购生活用品都是孩子的爸爸出去，我因此很担心孩子会发胖。北京未停暖气的时候，外面天气冷，我怕孩子感冒，连下楼扔垃圾都不带她出去。正月的时候，很多邻居还在外地走亲戚没有回北京，我也曾带着女儿在家里跳绳，后来看见小区业主群里有人抱怨别人在楼上跳绳，我们也就终止了跳绳的运动。老师布置的30分钟室内运动，女儿也试过，因为家里地方小施展不开手脚而放弃了。那段时间真的很发愁，眼看着孩子脸圆了、人胖了，一点办法也没有。

后来女儿在朋友圈里看见好朋友每天都跑步，微信运动也几乎天天一万多步，于是她待不住了，决定也要每天出去锻炼。大概在3月底，北京正值寒气慢慢消退，万物萌芽的季节，我和女儿全副武装到小区里去竞走，居然感觉不错：人少、地方大，几乎没有与人迎面近距离相遇的时候。女儿从一开始的中午一趟、下午一趟，到后来晚餐后也去锻炼一趟，每天走的步数在“微信运动”记录里都是第一名。孩子对走路锻炼很上心，不管刮风下雨都准时出去，而且当我走路跟不上她时，她就一个人走，我只要远远地看着就行。有时小区里一个人也没有，我站在广场中间，看见女儿一个人认真地、飞快地走路，感慨万千。

一年级时，女儿骑的自行车还是4个轮子着地的，有一次看见一个邻居的小孩在学两轮的自行车，孩子的爸爸用手扶着孩子的后脖子，那个小姑娘很快就学会骑自行车了。那个周末，我和女儿马上搬出自行车，按着邻居的方法学自行车，只骑了两圈，孩子就顺利学会了骑两轮自行车。

到了孩子二年级时，学校有运动会，那时候女儿还小，在报亲子运动项目时，孩子自作主张给我报了跳绳。那时候我有二十多年没跳过绳了，一练跳绳就气喘吁吁的，不到半分钟就跳不下去了。但是一想到要在全校师生和家长面前比赛，我也只好硬着头皮练习了一个星期，可是没有一分钟跳过50个的时候。在比赛时我发挥得更差，女儿跟着我连“优秀奖”都没拿到，我很难为情，于是跟孩子说：“我们从现在起好好练，争取明年的运动会拿奖。”“好吧，妈妈您是得加油了，跳绳还可以减肥呢。”女儿一语中的，我于是趁她上学之际在楼道里练起来，后来一分钟能跳到100多个了，发挥得好的时候我一分钟能跳180个，女儿一分钟能跳220个。我和女儿后来经常互相比赛。

父母喜欢运动，孩子一般也不会太懒。我女儿的同学安安，他们一家人周末都会骑着自行车去公园转一圈，主要是锻炼孩子的耐力。安安从二三年级起一直坚持去公园骑车，他到了六年级居然能跟着他父亲骑车去香山、大运河了。安安也很少生病，连感冒都很少，平常也坐得住。

一般春天的时候，周末我也会陪孩子骑车去看桃花。在郊区的家附近大概3公里多的地方，有一片大大的桃园，那里走着去太远，坐车也不方便，在女儿会骑自行车后，我就常常鼓励她跟我骑车前往。我们把车停在桃林边，在桃林里看花、拍照，然后有说有笑地骑车回家，这比去城里的公园、游乐场更让女儿开心。

家长教会孩子一些运动项目，跟孩子一起运动是很有必要的。一方面可以锻炼身体，另一方面还可以增进亲子交流，不至于沉迷于电子产品。这一举两得的育儿方式，家长可以试一试。小学阶段只要跟孩子一起运动，看到的和看不到的收获都是您想象不到的。

金萍妈妈支招

其实孩子很喜欢跟家长一起运动，不管什么时候，只要父母愿意陪孩子一起去锻炼，孩子都愿意放下手机。玩电子产品上瘾的孩子是因为家长陪伴太少，他们内心空虚，想在虚拟世界里找到存在感，缓解苦闷。

家长平常带着孩子出去散步，边走边聊学习和学校里的事情，孩子在放松的情况下往往愿意跟大人说一些心里话。早晨，带着孩子去跑步，家长锻炼了身体，孩子也增强了体质。周末，带孩子去游泳或爬山，跟孩子一起运动、一起玩，这是多么好的亲子时光啊！

对男孩来说，跟着父亲学学打篮球、骑自行车、轮滑，或者游泳、长跑，都是很好的亲子活动，也是极好的锻炼身体的方式。

女孩身体灵巧，可以教她们学学轮滑、骑行、打羽毛球、乒乓球、跳绳等。孩子只要从小喜欢体育活动，不惧怕运动，就会在上小学时展现出自身的优势，而且会越来越喜欢体育课，越来越自信。

体育运动的最终目的是为了锻炼身体，好身体是学好文化课的基础，身体好的孩子生病少，缺课的情况不多，不会耽误学业，这就是家长陪练看得到的最直接的收获。

●●● 规划小结 ●●●

家长教会孩子一些运动项目，和孩子一起坚持体育锻炼，这是一种投入少、收获多的育儿方式。进入初中后，有运动能力的学生不但不爱生病，而且学习起来专注力和毅力都比一般的学生强。

不是所有的运动都要靠培训班的老师来教，家长自己耐心一点、用心一点，孩子可以少上很多培训班，既省钱又省时间，何乐而不为呢？

除了教跳绳、跳远、长跑、仰卧起坐，家长还可以教骑行、轮滑、爬山，有些家长甚至能教孩子游泳。每一项运动，只要有父母陪伴，孩子都有勇气去学。并且，这些亲子运动将给孩子和家长留下共同的记忆，是一段难得的甜蜜的亲子时光，很有意义！

旅行也是一种运动方式

喜欢带孩子到处游玩的家长都知道，旅行，尤其是自由行，是最考验孩子体能、磨炼孩子意志的一项运动。

女儿一年级时，那年的国庆节假期我们带她去了辽宁盘锦，看了红海滩后，又去“老兵沟”看红叶，最后自驾游到了鸭绿江。那一趟玩了7天，一起出游的大人、孩子共20多人，其中六七岁的小朋友有5个，不管是爬山还是游红海滩，孩子们都是你追我赶，比大人跑得还快。那年寒假，我们一家三口去湖南张家界游玩了5天。每天都是爬山，或者走好几公里的路去看黄龙洞、游宝峰湖，女儿的体力比我们大人都好，都是跑在前面。

一年级结束之后的暑假，我和一位妈妈带着孩子去泰国北部玩了两周。我们没有跟团，每天的行程都安排得很满，去了大象园、野生动物园、白庙、黑庙、长颈族，还去了拜县的十多个景点。虽然那时候泰国天气炎热多雨，但我们坚持带孩子坐当地的公交车，孩子们到达每个景点都玩得乐此不疲，不嫌热、不喊累。

二年级结束之后的那个暑假，我和好朋友一起带着孩子们去爬泰山。那天下午3点多才到泰山脚下，偏偏天公不作美，一直下着小雨，我们为了看泰山日出，订的是山上的酒店，必须咬着牙爬上去。女儿和小伙伴穿着雨衣，爬得欢快，不时催促我们两位妈妈，后来她们看大人背着行李实在爬不动，就主动帮我们拿些东西。那天到山上已经很晚了，第二天凌晨3点多就要起床看日出，我本来想让女儿多睡会儿，放弃看日出，但不等酒店老板来叫，孩子自己醒了，非要跟着去看泰山日出。虽然是夏天，泰山上的温度却只有几摄氏度，风很大，孩子们穿着租来的大羽绒服，跟着走了一公里多的路程，到达山顶后，在最高处坐着等了二十多分钟，才看见太阳冉冉升起。同行的小伙伴比女儿大1岁，她实在太困了，到了山顶就趴在妈妈身上睡觉了，而女儿一直兴奋地等着太阳出来。看完日出，我们带着孩子走下去吃了点早餐，在酒店休息了半天，接着背上行李从后山走下泰山，坐高铁去了曲阜。第二天去孔庙等景点转了一天。虽然爬完泰山，大家的腿都很疼，女儿却一次也没要求坐出租车。

三年级寒假，我们冒着严寒爬了一天黄山，山上都是冰天雪地，女儿丝毫不感到害怕。第二天我们回北京的途中又去逛了济南的大明湖，全程除了去湖中小岛坐了20分钟船，一上午都在不停地走路，女儿都坚持了下来。

金萍妈妈支招

小学的假期很多，孩子能出去旅游的机会也多，家长要注意利用好这些时间，让孩子既增长知识，又锻炼体能。平常孩子们的差距不明显，而当他们跟随大人去到陌生的城市和国家，我们就能观察孩子是否喜欢旅行，是否喜欢探索，是否有体能去完成自由行。

建议从小学一年级起，家长可以带着孩子做好小学阶段6年的长假旅行规划。如果假期一直在学习，孩子就会感觉很疲惫，到了新学期会对学习没有激情。如果整个假期都是很舒适地跟团旅游，孩子的意志得不到磨炼，反而会养成贪图享乐的性格。小学阶段的很多知识是可以从亲子旅行中学到的。孩子的运动热情和体能的储备，也是可以从每个假期的亲子自由行中慢慢收获的。

旅游中处处皆学问。规划路线、查找攻略、乘车坐船、吃饭住店，这些都能锻炼孩子的处事能力、计算能力；在途中的各种见闻、归家后的内心感悟，如果把这些写下来，也能有效提高孩子的写作能力。至于旅途中遇到不顺利的事，遇到不太友好的人，其实也能很好地考验孩子，使其知道待人处事要宽容，要接纳不同的人和事。

在小学阶段，家长一定要抽出时间带孩子去各地走走，这比上培训班、参加各种夏令营更长知识。对于寒暑假，我是这样规划的：寒假主要用于看望我和先生两边的老人，给亲戚们拜年，联络亲情，回京途中顺道自驾游；暑假的话，先生没有时间陪孩子旅游，我就约上别的妈妈一起带孩子长途旅行。小伙伴们一起旅游，要同吃同住，一起亲密无间地相处十几天。这期间难免发生各种状况、误会，或出现几人意见不一致的时候，孩子们需要自行解决，大人从来不插手。所以这种长途旅行，也是孩子们磨合性格、互相学习的好机会。

●●● 规划小结 ●●●

家长是孩子的一面镜子，如果想让孩子放下电子产品，有兴致参与旅行，家长就应该先放下电子产品，全心全意地陪孩子游玩。如果想让孩子爱上有挑战的自由行，家长自己就不应该只图舒适，每次报个旅行社跟团游。孩子在自由行中可以学到更多的东西，得到更大程度的磨炼，有更多接触和接纳不同人群的机会。最重要的是在这个过程中，孩子的运动能力会逐年提高。

在长假期，可以安排国内非热门地区的深度游或者国外自由行。去国外旅游可以提高孩子的外语水平和包容、接纳之心；在国内深度游可以让孩子了解全国各地的文化和人文差异，增长他们的阅历。假期短的话，可以让孩子约上好朋友一起游玩，这样既是给孩子找玩伴，也有利于互相吸收对方的优点，取长补短，更有益于同龄孩子的交流、进步，达到一举多得的效果。

适合全家的亲子运动——爬山

我不会游泳，先生不喜欢跳绳和骑行，所以我们全家可以一起做的亲子运动就只剩下爬山了。早在女儿两岁时，我们就带她去爬了香山，那时候她兴致很高，一边爬一边数香山的台阶。此后每年的春天和秋天，我们都会去爬香山，孩子慢慢适应了全家爬山这项体育活动，从来不要求坐缆车上下山，而且她还能帮我们大人照相，会调节爬山的节奏。

到女儿一年级时，我们趁着春节回湖南过年的机会，带她去张家界爬山。那些天，我们住在市里，每天早上开车去一个景点，上午爬山，到山顶吃自己带的食物，下午下山，不在山上的景区就餐，也不在景区买东西。我们没有请导游，只是跟着地图寻找近路下山，不过这些近道都不好走，所以我和先生都自顾不暇，女儿只能依靠自己的体力独自走下山。爬了张家界和杨家界之后，到第三天，我就体力不支了。我没有什么兴致陪女儿挨个山头看了，先生也说腿疼，只有女儿一个人精力旺盛。我背着相机，女儿见我走不动，就主动帮我背衣服、背包。在那一个星期的爬山训练之后，我爬山的本领提高了不少，而且哮喘的毛病也好了，从此再也不惧怕爬山了。

女儿三年级时，我们从湖南回北京的途中带她去爬了黄山。我们从白鹅岭缆车出来的一刹那就惊呆了：眼前是一片皑皑的冰雪世界，而且有密密的小雪花不断飘落下来，而山下却是晴空万里。再一看，山路上都结着冰，路面又硬又滑，我们真是举步维艰啊。女儿的帽子、围脖、手套都没带，鞋子很薄，裤子也穿得少，在准备爬山装备时我忽略了山上仍有积雪。我怕冻坏了孩子，也怕摔坏了孩子，但又舍不得眼前美丽动人的难得一见的雪松，于是鼓励孩子："既来之，则安之，我们还是爬爬看，说不定会有不同寻常的收获呢。"

我把我和先生的围巾、帽子取下来，给孩子戴上。女儿坚强地随我们一起往上爬，有的地方很陡峭，有的路又湿又滑，到了"十八罗汉看海"的景点，游客按顺序左上右下，我看人多就劝女儿别去了，她却不愿放弃，小心地、艰难地手脚并用地爬上去，下来时还摔了一跤，她拍拍身上的雪，乐呵呵一笑，又继续快乐地随我们前进。

经过一段艰辛的、惊险的攀爬之后，我终于在山上一家宾馆给女儿买到了帽子、手套和一双钉鞋。女儿的爬山装备一下齐全了，这下我们没有了后顾之忧，爬山的速度也提高了，遇到很陡峭、很长的山路时，先生会鼓励女儿数台阶，分散她的注意力，不知不觉走过了最艰难、最湿滑的地方。

爬黄山的前一晚我们从酒店老板那里拿到了一份黄山地图，我提前让女儿规划好了她想爬的路线，所以每到达一个景点，女儿都会拿出地图看看，结合景点标牌找到正确的爬山路线。在途中有位游客看到女儿的地图觉得不错，女儿便让对方拍下来存在手机上，以免走错路，看到孩子主动帮助他人，我深感欣慰。

因为女儿路线规划合理，加上没有走什么回头路，在顺利爬到山顶后，我们终于赶上了最后一班下山的缆车，要不然我们就要被困在山上过一夜，或者徒步7公里走下山去。那次爬黄山，女儿不但体验到坚持后的收获，还体会到了有计划地做事是多么重要。

在爬山之前我们只准备了简单的食物和开水，女儿倒不挑剔，我们中午找了一个酒店坐下来吃了自带的东西后又继续爬山。孩子多年来养成了良好的旅游习惯：不挑食，也懂得爱护环境，吃剩的垃圾不随便扔。更重要的是，她在景区买东西时，懂得用礼貌行为打动老板，让商贩给她优惠，这又是一大进步。

在去“猴子观海”景点时，途中遇到两只猴子，其中一只对游客们张牙舞爪，吓得行人快速躲开。后来一打听，原来是一位奶奶在猴子面前吃东西，猴子来讨，她不但没给还用石头砸它，所以才激怒了猴子。女儿当时感慨地说：“我们应该对动物们好，平等地对待它们，它们就不会攻击人类了。”

在多次全家一起爬山的过程中，我们给彼此以鼓励，大人尽量以身作则。这项全家的亲子运动，不仅锻炼了女儿的体能，也让孩子明白了爬山的意义：在挑战之前做好充分准备，在困难面前不轻言放弃，登顶自然有别样风景！

女儿作文展示

雪后爬黄山

蔡宇瑶

今年寒假，我和爸爸妈妈一起去爬黄山了。当时，山顶上还是一片白茫茫的世界，因为春节时下了雪，山上太冷，雪没有融化，所以才有那么多积雪。虽然雪后爬黄山很辛苦，不过景色很美，尤其是有那么多雪松的点缀。

第一站，我们到了始信峰，在那里先看了“十八罗汉朝海”，其实都是白茫茫的一片雪，啥也没看到，我在那还差点摔了一跤，不过很多大人都夸我勇敢，我很开心。因为天气很冷，到北海宾馆时妈妈给我买了帽子、口罩，我还在那里买了些明信片和两个冰箱贴，准备送给老师和同学的。接着我们去看“石猴观海”，曾经我们学过一篇课文《黄山奇石》里面有介绍，我主要想看看这里的景象跟书上有什么不同。路上我们看见了几只猴子，有一只还因为想抢游客的吃食没得手而发飙，吓得我够呛。

看完石猴观海，我们又去了旁边的狮子峰。从狮子峰回北海宾馆的路上，松树上的雪花不断飘落下来，妈妈问我："像不像是在平谷桃花海里桃花不断飘落的感觉？浪漫吗？"我没什么浪漫的感觉，倒觉得像白砂糖，忍不住想吃一口。

我们走到西海饭店时，似乎有两条路可走，妈妈让我拿出地图找找原来规划好的路线，我们想去光明顶，所以我决定走排云宾馆方向。在路上我们又买到了一双钉鞋，这回我不怕路滑了。奇怪的是这里卖的钉鞋跟山下超市、山上酒店的价格一样啊，看来黄山人真实在，不欺瞒游客，我喜欢他们！黄山上每家酒店都让游客随便休息，还可以免费接开水、用洗手间，真不错。

从飞来石到光明顶，我累得快不行了，爸爸不断鼓励我数台阶，妈妈中途让我停下来照相，爬着、玩着我们也就上去了。路上好些小朋友吓哭了，有的冻哭了，妈妈说其实爬山就是在挑战自己，所以越害怕越困难！我一直坚持自己爬，连百步云梯我都顺利爬上去了，我好自豪呀。

最后一站，我们去了莲花峰，之后又去看了迎客松和送客松。这些松树还真有趣，像一个个士兵一样站得笔直，又像美丽的仙女一样张开双手，好像真的在欢迎我！

傍晚，我们在玉瓶峰坐上了下山的最后一班缆车，爸爸妈妈直夸我，路线规划得好，是个合格的导游。我觉得只要坚持，不放弃，不害怕困难，雪后的黄山也不是很难爬呀！

（此文发表于《现代教育报》2017年2月24日少年文艺版）

金萍妈妈支招

我认为带孩子爬山有几重境界：第一重是爬上去，第二重是看景，第三重是感悟。最终的目的是磨炼孩子的意志，教他们遇到困难时不放弃；在艰苦的野外环境下如何保护自己；如何合理利用时间，怎样看地图规划路线；知道在外如何与人相处，在艰苦的环境中怎样安排吃住；在自然界如何与动物和谐相处，如何保护环境等。

在短的假期或周末，家长可以提出几处爬山区域让孩子自己选择，可以是没爬过的山，也可以是经常爬的山。

在清明节、“五一”“十一”、春节这样的假期，最好安排一些大型的爬山活动，这时候可以约三五个小伙伴一起爬。大部队一起爬山的好处是孩子们可以互相比拼，大人们也可以彼此学习各家的“育儿经”。不过这样的集体爬山活动，最好父母都参加，一是让孩子感觉到这是一场全家亲子活动，爸爸妈妈随时会在他身边，能保护他，可以让孩子更有勇气；二是如果爸爸妈妈缺席，让其他小朋友的父母代为照顾，孩子会很失落，就有可能对爬山没有多大的兴趣。

●●● 规划小结 ●●●

相对于其他的体育活动，爬山无疑是最好的可以全家出动的项目。春天去爬山，让孩子感受万物复苏和明媚的春晖；秋天去爬山，孩子看到落叶纷飞，会触景生情，懂得时光易逝。与此同时，一家人在爬山过程中齐心协力、彼此鼓励、相互扶持，这都是难得的和谐时光，是一家人最好的记忆。爬山过程中，孩子从畏惧到克服困难，到最后胜利登顶，这是人生中难得的经历。也许在今后的人生道路上孩子遇到困境时，想起了他曾经征服过某座大山的经历，彼时也许他会勇气大增、信心满满地往前走。

适合夏天的运动：水中畅游

孩子们天生就喜欢在水中玩耍，但要学游泳，最好等孩子上了小学，这个阶段的孩子理解能力强、胆子大，学得快。如果孩子太早学游泳，在听教练的指令时不但费劲，而且理解水中憋气、出水换气等要领也有难度，学起来会事倍功半，容易厌恶游泳。

女儿5岁多时，和好朋友雅雅一起去学蛙泳，报的是“一对一”的班。雅雅的妈妈以前会游一点点，所以每次她女儿学完游泳，她都会下泳池里去指导女儿复习和练习当天的内容，而且不停地指责孩子；而我不会游也不知道怎么指导女儿，只强调让她反复练动作、多练水中憋气。没有人叨叨、强迫和命令，女儿没有对学游泳感到反感，很愿意多游，最后她在第八次课时学会了蛙泳。

三年级暑假，女儿又去学自由泳，以前虽然学过蛙泳，因为当时小，比较怕水，所以只是学会了基本动作，游得不太好，加上她学完蛙泳后，第二年暑假没继续练，早就生疏了。后来激发她学自由泳的动力是有一次她乘坐意大利的游轮，游轮上带有一个水深1.9米的泳池，结果她在里面根本游不起来，所以她回北京后决定好好学游泳。

跟女儿一起去报自由泳的朋友是已经学了3年游泳的，而且蛙泳也游得很棒的女孩。她们学了五节课后，同时报名的那个女孩经常临时请假，或迟到，或调课。女儿知道自己底子差，所以不管同伴去不去，她都坚持去游泳，没有教练教时就练蛙泳或自由泳的基本动作。经过多次练习，女儿突然开悟了，在后来的学习中，她的水感反而好过同伴，不仅学得快，而且也游得快。最后结课时，女儿的两种泳姿都练得不错。

其实在孩子学游泳这件事上，我除了带孩子坚持练习，还不爱叨叨孩子。女儿同伴的妈妈自己会游泳，所以她女儿学的时候，她总是守在旁边，教练教一句，她马上就接一句，教练不说时她也在旁边唠叨。我则反其道而行之，只要教练在教，我绝不过去，甚至会特意坐到很远的地方去，这点让女儿很自豪："妈妈，你从来不叨叨我，真好。我看别人的妈妈都在旁边吼孩子，她们太可怜了。"

"有教练教你就够了，我干吗要去讨人嫌。如果你学的时候我去旁边唠叨，那样多不尊重教练啊。再说，我也不会游泳，所以你要自己努力学，学不会我可帮不了你。"

在游泳这件事上，没有专业知识的家长的确帮不了孩子什么，即使你会游，每个人的体重不一样，在水里的浮力不一样，用的力度也不同，所以家长最好不要在一旁指手画脚。只要孩子坚持学，他早晚能学会，这不是着急就能成的事。每个孩子的水性不一样，他们对游泳的喜爱程度会不一样，但只要每年坚持让孩子游泳，他们的游泳技术和体能都会提高，家长无须担心。

孩子学游泳的时候，有一件事家长需要特别注意，会游泳的孩子也有可能在水中出现腿痉挛。家长不要以为孩子会游就掉以轻心，要时刻注意孩子的状态，发现孩子突然安静下来，要快速奔到孩子身边去看个究竟。如果孩子游一段时间后感觉浑身发冷，不愿继续待在水里了，家长不要以为孩子在偷懒，应及时让孩子出水，给他裹上浴巾，在泳池边喝点热水、吃点东西，休息一会儿，等身体恢复了再下水。对于新学者来说，每天下水游两小时就可以了，所以家长要视情况控制孩子游泳的时间，不要贪多，以免造成孩子厌烦游泳。

夏天最好的运动就是水中畅游了，既能缓解酷暑带来的不适，又能锻炼身体。

金萍妈妈支招

不用把所有的泳姿都学会，学会一两种后，经常去游就行，主要是练练连续游泳的能力，这能提高孩子的体能。孩子能游50米了，要鼓励他游100米，达到目标之后，慢慢地设定更远一点的目标，孩子渐渐地就能游得越来越远了。

平时，小学生的时间比较紧张，像游泳、滑雪这类短期培训班，最好安排在寒暑假，一个假期就学一种泳姿，好好练习，不要苛求太多，毕竟大部分孩子也不靠这门技术谋生。

●●● 规划小结 ●●●

孩子学会游泳非常有必要。不管是城市还是乡村里的孩子，不管将来学不学体育专业，最好从小就学游泳。在陆地上遇到了危险，大人还有办法在现场保护孩子，但一旦溺水，大人自顾不暇，保护孩子的可能性会大大降低，所以孩子学会了游泳，如果不小心落入水中时，不至于太慌张。会游泳的孩子，在遇到洪涝灾害时，自救的能力要比“旱鸭子”强得多。现在有些大学也开设有游泳这门课，小时候就会游泳的学生，在大学里就不用太操心这门功课了。

第5章

做一个有心的家长，孩子一生受益

在小学阶段，家长需要保护好孩子的身心健康，有些可以避免的伤害，我们应该防患于未然。不要让我们的孩子“伤”在小学，作为孩子“成长的规划师”，家长可以做到。

旅行是提高孩子写作能力的“催化剂”

六年级上学期要给女儿做升学简历，整理她的奖状、证书和发表的文章时，才发现，不知不觉中，孩子已经发表了15篇作文。在这些文章中，每年寒暑假或是一日游的游记发表居多，而且写得还不错。

其实最初女儿也不会写游记，总是写得跟记流水账似的。我自己是极爱写旅游散文的，也经常发表，于是我用了一些比较恰当的办法，帮孩子提高了在旅行中的写作能力。

每次学校快放假之前，我都会提前制订假期计划，在做计划时我会带着孩子在最近两年打算带她游玩的地点打上标记，让孩子想好先去哪里，并说明理由。女儿总是会说出各种理由，我也不干涉，就让她滔滔不绝地说。我一般会同意她的意见，但会要求她带上日记本，每天写日记。孩子从二年级起就有她的专属日记本，一开始是老师要求写，后来每次出去玩我都会要求她写，这个习惯坚持了快4年。一般我不会强迫孩子天天写日记，但遇到有演出、比赛、旅游或是什么重要的日子，我就会提醒她写一篇日记。

孩子小的时候，在旅游时喜欢拿着我给她的小数码相机到处拍。女儿上三年级时，她爸爸给她买了一部新手机，这个家伙就学着大人的样，走到哪里拍到哪里。如果路过景点介绍或者一些文字性的牌匾，孩子没有注意到，我就会提醒她拍下来，让她回家慢慢看介绍。孩子出去旅游时除了带手机、日记本，还会带上跟游览地有关的书籍或是文学书籍。

到一个旅游景点后，一进大门，一般都会提供景点介绍资料，这时可以鼓励孩子取一两份。一份由家长收藏起来，回家修改游记时可能用得上；一份交给孩子保管，让他拿着景点地图规划游览路线，以此来锻炼孩子的综合能力。在孩子拍照片时，家长不要去打扰他，让他专注地去拍自己感兴趣的东西。孩子的视角和大人的不一样是正常的，他拍下来的东西说明给他留下了深刻的印象，正好可以为写游记提供素材。

我们每次游完一个景点，回宾馆休息时，我都会鼓励孩子赶紧写日记，慢慢地她就把这个习惯固定下来了。有一次我们去爬黄山，那天活动安排得实在太满，孩子一路爬上爬下，的确累得不轻，当天晚上就破例没写，第二天一大早我们就开车回北京了。在高速上，我提醒孩子没写游记，她马上拿出日记本，洋洋洒洒写了三四页纸。为了不打扰孩子，我和她爸爸一路上都没有说话。女儿当时沉浸在头一天的游览中，写出来的文章让人身临其境。回北京后，我把孩子的日记发在朋友圈里，居然被北京的一位编辑朋友看上了，她大为称赞，当时就约定要发表这篇游记。

一般一日游最好在一个星期内就修改，如果是寒暑假出去玩的时间太长，回来后可以按照倒序修改，也就是最近写的日记先查先改。孩子记忆深一些的肯定是最近发生的事，改着改着，孩子慢慢就把整个假期旅游都串联起来了。在修改日记的时候，家长可以帮孩子回忆一下当时发生的有趣的事，让他在游记里把这些趣事加进去，还可以让孩子根据照片修改日记，把记错的东西改过来。

如何提高孩子的写作能力？这个问题需要家长不断琢磨。不过，让孩子在生活中学会写作，在旅行中提高写作水平，家长是可以助孩子一臂之力的。

金萍妈妈支招

有些家长老是埋怨自己的孩子不会写作文，其实没有哪个孩子天生就会写，这主要取决于家长怎样引导和鼓励。会写作文的孩子要么是爱阅读，他读得多，输入得多，自然就能输出得多，写作文时有话可写；要么就是观察和思考能力强，他看见什么都要想一想，而且想法往往与常人不同。对于第二种孩子，家长要鼓励孩子把看到的、想到的写下来。想让孩子养成写的习惯，家长记得不要急忙和孩子分享，先把自己的想法藏在心里，让孩子写一写自己的感想。孩子写完了如果愿意拿给家长看，这时候父母首先要肯定孩子的观察与思考，然后再把自己的旅游心得说给孩子听，这样形成一个互动，让孩子在修改游记时思路更清晰。

●●● 规划小结 ●●●

在旅游过程中，思考比游景点重要得多，所以家长不要轻易去打扰孩子，不要看见孩子在发呆就喊他，或者不停地给孩子讲景点的相关知识，讲得太多，会让孩子产生抵触心理，不愿意听。如果想检验孩子的旅游效果，可以引导孩子写日记或游记。日记是每天游览完毕回到酒店就写；游记是回到家中，把几天的旅行感受写下来，或者游完一个景区，让孩子写一篇。不管哪种方法，只要孩子写了，他就会思考，就有收获，长期坚持下去，写作水平必然会大大提高。

家长如何做，孩子才能写好游记呢？第一是跟孩子约定旅游写作计划；第二是旅行前帮孩子适当准备一些辅助工具；第三是旅行中要巧妙教孩子积累素材；第四是家长应该及时地让孩子把旅行感悟落实成文；第五是在旅行归来后，家长要提醒孩子尽快修改旅行日记。

别让孩子输在不会表达上

记得女儿在幼儿园第一次参加学校展演，当时排了两个舞蹈节目：一个是《小兔子乖乖》，一个是《我真的很不错》。孩子练这两个节目时可认真了，她尤其喜欢《我真的很不错》，每天回家都跳给我看。

展演的当天，她们班女生表演的第一个节目是《小兔子乖乖》，前面跳得很不错，但到快要结束的时候，女儿身边的小朋友突然大哭起来。我在第二个节目中发现女儿和那个哭了的小朋友都没有参加。回家后我问孩子："为什么老师不让你参加第二个节目了呢？"女儿结结巴巴地说："老师说我们……我们不听话，不……不让跳第二个了。"她一脸不高兴地接着说："小爱就喜欢哭，说我……说我……我跳小兔子时站在她前面了。"

我大概清楚是怎么回事了，于是抱起女儿跟她说："你为什么不按老师安排的顺序站呢？""妈妈，小爱比我高，我站在她后面的话，就看不到你了。""那你排练的时候怎么不跟老师说啊？”“排练的时候你又不在那里，上台了才知道你看不见我。”“那是你觉得我看不见你，实际上你站在台上，无论是哪儿我都能看见你。”“我不知道，反正我就要站在她前面，谁叫她挡住我的？”通过孩子的连说带比画，我终于明白了，女儿不太会用语言表达自己的想法。

在那件事之后，我决定站到孩子的身后去，不再替她跟别人解释什么、要求什么。想找小朋友借什么东西，想跟哪位伙伴玩游戏，都让孩子自己跟别人去商量。

女儿上了小学之后，她要独自适应小学生活，跟老师、同学处理关系，还要去结识新小区的伙伴们，融入那些早已互相熟知的小群体。这个时候，孩子的语言表达能力尤为重要。有的小学生喜欢告状，有几次女儿被同学告了状，她在老师面前“我、我、我”磕磕巴巴地解释着，一句话还没说出来，老师就没耐心听她解释了。

女儿吃过几次亏之后，就知道要练练自己的口才了。每天回家看见电梯里的爷爷奶奶，会主动帮他们按电梯、跟他们打招呼。遇到有人问她上哪些才艺班，她就如数家珍地向别人汇报。这样练着练着，我发现她能快速组织语言，能完整地表达了。

通过小学6年的自我训练，女儿上了初中，她的语言优势就明显展现出来了。在第一学期，孩子竞选上了班委，同时兼任着英语课代表和音乐课代表。在宿舍里，如果大家不按时休息，她会巧妙劝解；隔壁宿舍如果一直聊天，她会领着室友去找宿管阿姨。班上的同学，特别是好朋友如果身体不舒服，她会陪着去学校医务室，遇到医生不在的情况，她会四处打听，直到找到医生。

女儿在公众场合，只要别人问她，她什么都说，为此我有些担心她突然说出什么不该说的话，尤其是说出邻居家孩子谁挨了老师惩罚的事，或者说出那些考得不好的同学的成绩。每天晚上吃饭时，我就跟她假设各种场景，并告诉她哪个场景可以多说，哪种情况下要少说。有时候跟女儿下楼散步，就给她足够的时间，听她唠叨。从她的唠叨中，我了解了他们学校的一些情况，也知道该怎么引导孩子的学习了。

女儿有个男同学，两岁多才会说话，而且语速比较慢，他爸爸经常陪着他，但是，不管孩子跟谁说话，想表达什么，他爸爸从来不替他说，也不帮着解释什么。小男生经过几年的锻炼，在六年级时，已经不需要家长接送了，并且那孩子后来再见到我，变得特别能说。

金萍妈妈支招

有些孩子为什么喜欢动手，他明明是喜欢某个同学，或者想跟同学表达点什么，可是说不出来，所以他就用肢体语言来表达，这样一来，老师和同学都误以为他不友好。孩子屡次出现这样的状况，家长要反思一下自己的责任，在孩子想说的时候有听他说吗？在孩子说不出来、表达不完整的时候，我们有没有给他时间，静静地等他把话说完呢？

孩子如果想表达自己对同学、老师的各种看法，家长可以陪他聊，但要注意引导孩子，以免卷入是非中。每个孩子的时间都很宝贵，家长和孩子相处的时间也很短暂，不能把时间都浪费在谈论别人的是非上。对于不太会用语言表达自己内心意愿的孩子，家长要多给他们创造说话的机会；对于太热衷于议论别人是非的孩子，家长可以引导孩子谨言慎行。

规划小结

孩子会说话、敢说话，是家长们都盼望的，但孩子说话有早晚之别。如果给孩子的表达机会多，他的表达能力就会早日养成。如果家长怕孩子说错，总是替他说，拦着不让他说，那么他可能就不善言辞，可能就没有那么多表现自己的机会。

别让孩子输在不会表达上，家长从小就要保护好孩子的表达欲，让孩子多多自由表达吧。

如何帮孩子构建属于自己的阅读体系

新时代的小学生，在一二年级以前，他们就跟着家长阅读了大量绘本；到了三四年级，他们具备了快速阅读能力后就喜欢独自读书了。这时，家长虽然不用陪孩子阅读，但是在构建孩子的阅读体系时还是要有所规划的。

小学中高年级的阅读体系有哪些呢？一般来说有自然科学的书籍阅读、人文书籍阅读、提升文化素养的书籍阅读等。

有一次，我碰到了一位女儿的幼儿园同学，他告诉我们小时候爱阅读的乐乐（也是女儿的幼儿园同学），现在不用上培训班，各科成绩特别好，尤其是历史，老师讲到哪里他都知道。这就是一个很好的例子。小学时家长给孩子搭建了良好的阅读体系，孩子把那些看过的书籍全部转化成了自己的知识，现在又把这些用在学科上，所以他不用上任何辅导班，学习依然很轻松。

我第一次给女儿买绘本，拿到书一看有好几十本，我怕孩子一下子拿到太多的书，不珍惜、不好好看，也担心她看到有那么多书要阅读，心理压力大，于是，我打算把其中一多半的绘本都收起来，让女儿先读前面的几册。但是女儿不乐意，看到孩子那么爱读书，我只好依从了女儿。没想到孩子很爱惜那套书，从来不乱扔，也不打乱顺序，看完一本，就放回到原来的位置，再看下一本。整套绘本都看完了以后，我经常看见女儿把绘本摆满整个沙发，然后一本一本地盯着看，还时不时自言自语地叽咕几句。这样反复看了一两个月之后，女儿才要求买新的绘本。

上了小学之后，女儿看的绘本从文学类拓展到了地理、历史、自然和科技等方面。这些绘本需要成套阅读，所以我从来不带孩子去借这些书看，而是自己买来看。图书馆和绘本馆都限制借书的数量，有些绘本一套有好几十本，没法一次借到。自然科学的书籍会被反复阅读，所以最好在家里备一套，当孩子对自然科学有什么困惑的地方，或者他想再看看这些绘本上的知识，他可以反复翻阅。历史、地理以及科技类的绘本，建议家长尽量购买整套，让孩子按整套书的顺序阅读。

这些年带着孩子阅读，我总结出些许经验：小说要放在周末和寒暑假这些整块的时间里快速阅读完，如果看小说拖的时间太长，不利于孩子回味写作手法和对人物形象进行分析，而且对小说内容的记忆也不如快速读完深刻。如果是看科技类的书籍，要一次少读点，消化好了再看下一章。另外，家长可以把这些书放在沙发、床头比较显眼的位置，孩子在生活中遇到感兴趣的事，可以随时反复翻看。

在给孩子买书这件事上，家长要大方些，书可以说是传家宝。我自己以前买的名著，怕孩子弄坏了，还开玩笑说要锁起来呢，现在女儿都看一多半了，那些书依然很干净、很新。我们给孩子买书要挑知名出版社的作品，或者是专业出版社的作品。家长给孩子买书时，一定要先看出版社，再看书里的版式、字体，是不是孩子喜欢的。如果孩子看完某一套书很喜欢，家长再买类似书籍时，可以考虑继续买该出版社出版的书。

关于孩子的阅读方向，家长要观察孩子的兴趣。经常听有些家长说孩子喜欢看闲书，其实孩子即使看的是漫画书，只要是正规出版社出版的，内容都是经过严格的三审三校，这至少比上网玩游戏要好得多。我通常把小学的阅读分为文学性的和非文学性的两类，便于家长辨析孩子的兴趣所在。如果孩子偏好地理、生物、科学等非文学类书，可以建议他看看《小牛顿》《神奇校车》等，这样给孩子逐步建立一个理科知识阅读体系。如果孩子对文学类书感兴趣，家长可以多买些中外名著给孩子看，以儿童文学作为开端，慢慢引向外国文学；在他们对文学产生浓厚兴趣后，可以逐步阅读半文言文的中国四大名著。现代社会的孩子，对古人的那些语言、辞章很陌生，一般不建议从成人版的四大名著开始独立阅读。

金萍妈妈支招

如何帮孩子构建属于自己的阅读体系呢？家长可以给孩子买成系列的图书，让孩子按顺序阅读，这样孩子可以在大脑中建立有序的知识结构；在不同的阅读年龄段，可以引导孩子读不同类型的书；另外，注意根据自家孩子的兴趣，帮孩子搭建起他独特的阅读体系。

总之，孩子的阅读是一个漫长的过程，家长的作用是悄悄推动，潜移默化地帮孩子构建他自己的阅读体系，而不是给他规定阅读任务，去破坏孩子的阅读兴趣！

●●● 规划小结 ●●●

如果孩子从小喜欢阅读，能够为以后的各科学习打下良好的基础。喜欢阅读英语图书的孩子，可以多读英语绘本，等积累一定的英语知识后，就可以读英文原著，这比上多少英语培训课都有效果。愿意阅读文学类书籍的孩子，在学习历史、语文时会如鱼得水。喜欢科学类书籍的小孩子，等到上了初中之后，地理、生物、物理、化学、数学等学科学起来会感觉得心应手，因为他以前阅读的那些内容给他打下了很好的基础，在学校跟着老师的节奏学习，就能把这些科目学得很好。

如何防止孩子肥胖和近视

在小学六年里，很多孩子营养过剩，又不爱运动，导致越来越肥胖。尤其是每年寒暑假一过完，学校的小胖子就会增加一拨。且不说过于肥胖会引起大脑供血不足，导致智力发展缓慢，就单单是学校的体育课，对他们来说也很痛苦。一般好的中学招新生时，老师们都要看孩子的体育成绩。

我曾经看到两个各方面都很优秀的孩子因为身体超重，体育成绩不是优秀，而不能参评学校的三好学生。丫丫从小语、数、英都很好，舞蹈、书法、美术、钢琴都学得不错，她组织能力也强，二年级起就当上了中队长，三年级当上大队委，但是在四年级期末，因体重超重她的体育成绩不达标，而没有被评上校级三好生。丫丫很伤心，决定通过好好锻炼身体来减肥，但是从小养成的“大胃”，哪有那么容易改掉饮食习惯？结果到第二学期还是不能参选，孩子伤心极了，后来中队、大队的竞选她都主动放弃了，成了一个孤僻自卑的孩子。

另一位是文静而且好学的男生，他每天都在学校主动完成家庭作业，放学之后又去上各种文化课培训班，但是不重视体育锻炼，身体一点点地发胖，到五年级时差不多有60公斤了。因为学习成绩好，加上每年都包揽了学校的三好生和班里的三好生，这个男生认为只要学习好，体育成绩不重要，再说他也的确没时间去锻炼。不料到了六年级上学期，这位同学因为身体肥胖，体育成绩没有达到优秀，而没有被评选上区里的三好生。

我为了保护孩子的视力，也做了一些准备。在她初学钢琴时，我看到老师家的钢琴上有一盏台灯，就问老师这灯的用处，老师说可以保护眼睛，于是我赶紧买了一盏放在自家钢琴上。在家里如果孩子看电视，我会要求她坐在靠墙的沙发上看，买电视机之前我还专门咨询过专业人士，一般多少寸的电视要保持多远的观看距离都有标准（家长不要为了气派把电视机买得过大，会影响孩子的视力）。在孩子上了小学后，我发现家里的节能灯灯光太暗，让先生特意换上了瓦数大的灯泡，不管孩子在做作业还是阅读，我都会注意按时调整灯光的亮度（一般的吸顶灯都有好几挡）。有时间的话，我也尽量带孩子去户外运动，骑车、爬山，或者就是在小区里走走，这些时候孩子能接触到绿色植物，有利于缓解眼疲劳，保持良好的视力。

金萍妈妈支招

在这个物产丰富的时代，大多数孩子不会缺乏营养，所以家长不要担心孩子吃不好，我们应该控制孩子吃零食的量。有些简单的零食其实在家也可以做，比如炸薯条、炸鱼排、烤蛋糕、面包等，家里做的总比外卖的要健康。

在小学阶段，家长要注意关注孩子的体重，如果在身高没有明显变化的情况下，体重增长迅速，家长就要密切注意他的身高和体重的比值，注意控制一下体重，或调整孩子的饮食，或带孩子做体育锻炼。

从小练钢琴的孩子，在家里的钢琴上一定要放一盏钢琴灯。孩子在昏暗的环境里看琴谱很费眼睛，这也是很多琴童过早近视的主要原因。如果孩子想看网络上的电视节目，建议转到电视上来看，而不是在手机或平板电脑上看，因为电视的屏幕直径相对比较大，看电视时距离相对比较远，而手机、平板的屏幕比较小，看手机的时候需要近距离观看，看电视对孩子的眼睛伤害相对来说没有其他电子产品大。

规划小结

每个孩子其实都不想变肥胖，也不想近视。一旦发现孩子出现了这些问题的苗头，家长要及时帮助他们控制饮食，注意调节家里的灯光，多带孩子去户外运动，这些比学习成绩更重要。

孩子在小学阶段如果视力急剧下降，家长要反思近期是否给孩子的学习压力过大，或者家里的灯光是不是有些昏暗，还要注意孩子的坐姿是否正确，更重要的是应该控制孩子接触电子产品的时间。

随性养育，是对孩子的另一种保护

记得女儿6岁时，和好朋友乐乐一起去爬河北的白石山。第一天晚上，乐乐的父母闹得很不愉快，原因是乐乐没有按时大便，妈妈把他按在厕所，厉声喝道："今天你要是不大便，不许出去玩。"

当时我和先生都很尴尬，女儿也被吓了一跳，她忧伤地看了我一眼，缓缓地说："妈妈，我今天也没大便。"我把孩子带到广场上去看跳舞，假装不经意地说："没事，宝贝，换了个新环境，不拉大便很正常。"

我们一直以来都觉得乐乐很懂事，爱运动也爱阅读，父母很省心，但就是在吃饭和大便方面，他就是达不到妈妈的要求，没少挨训斥，我很心疼也很无奈。

其实，我一直觉得，家长随和一些，让孩子随性一些，可以更好地保护孩子的交际能力、创造力，还可以更早发现孩子的兴趣爱好。

有一个朋友的儿子小君跟乐乐一样大，他从小就在小区里玩，不上才艺班，也没有参加文化课的培训，但这个孩子独立、胆大，而且很会说话。小君上幼儿园时，他妈妈有一段时间做微商，他经常帮妈妈把客户购买的东西送到小区门口，交给等待取货的客户，并且自己算账收钱，还教客户使用产品时要注意哪些问题。小君成为小学生后，语言交往能力强，计算能力也不弱，老师让他做了小组长。他怕英语成绩落后被同学笑话，便主动要求去上英语培训班，因为他性格开朗、爱聊，英语老师也很喜欢他，所以他上课跟老师交流得非常多，英语成绩提高得飞快。

女儿从小跟我学古诗朗诵，我从来不要求她背。后来跟我一起阅读中外名著，我要求她摘抄过好词、好句，但并没有强调让她必须背下来。我想如果让孩子死记硬背大量的词句，她写作文时就会照搬，这样不利于她自己写出新颖的句子。记得有一次，我们从北京野生动物园游玩归来，女儿在游记里描写鸟林的景象："鹦鹉雨林里面到处都是鸟叫声，这个叫完、那个叫，没完没了。"死记硬背好词、好句的孩子也许会写"这里的鸟总是叽叽喳喳叫个不停"。因为女儿的作文总是喜欢用自己独特的语言去写，所以即使是素不相识的编辑也愿意录用她的稿子。这些收获是看不见的，但我知道她的语言创造力与我不让她死记硬背有关。

有个亲戚的孩子京京，现在都上六年级了，居然又主动要求重学钢琴。京京上幼儿园时曾经跟女儿一起学过钢琴、中国舞、画画，她学钢琴学到二级时不想学了，于是就停掉了；舞蹈勉强学到三级时，说压腿疼，也不学了；只有画画是她一直喜欢的。时间过去了5年多，京京突然对钢琴有了兴趣，她主动学、主动练，从来不用家长操心。我们很多家长也许会为了培养孩子的毅力、磨炼孩子的意志，哪怕孩子不喜欢也强迫他去坚持，到最后浪费了时间和金钱，孩子也没学好，关键是孩子自己都不知道到底喜欢什么。我很欣赏京京妈妈的随性，她一般不要求孩子在哪个阶段必须要干哪件事，也不在乎孩子是否比邻居家的孩子优秀。她只是不插手女儿自己的事，生活上、学习上，都让孩子独自去完成。经过几年的“随性培养”，现在孩子独自上学、外出以及选择能力都很好。

女儿六年级发表的作文

北京野生动物园一日游

蔡宇瑶

今年暑假，我们一家三口又去了北京野生动物园。我已经四年没去过那里了。

一开始，我们去了金丝猴馆。当时雨下得还很小、很凉快。这里有姿态各异的金丝猴：有的在树上来回穿梭；有的几只一块儿跳上顶层的罩子“聊天”；有的猴子过来看我，我伸手过去跟它打招呼，它又蹦跳着跑开了，那样子十分可爱。

接着，我们来到珍稀动物馆。那里有好几类猴子：长臂猿、松鼠猴、黑帽悬猴，我都和它们合影留念了。我把手放在松鼠猴的玻璃前，它们一只只从我手边走过去，有的在我面前停下来看看是不是有吃的，有的看都不看直接往前走。

动物园里的笼子车我们坐过很多次，但在下雨天乘坐还是头一次。坐在笼子车里，我们先给黑熊喂吃的，小黑熊毛茸茸的，很可爱。我们又看见了白虎、棕熊、非洲狮、东北虎。当我们看见了黑白相间的斑马时，我们停下来给它们喂食。我捡起一根胡萝卜，想喂它们，心里很害怕被它们咬着手，于是我把胡萝卜扔给了一只小小的斑马。我们看东北虎时发生了一件有趣的事，一只小东北虎在离我最近的地方趴着，我说“再见，小老虎”，那只虎竟然抬起头朝我晃了晃，那样子像是在跟我再见。瞧，老虎也能听懂我的话呢，我高兴极了。

吃完午餐，我们去了长颈鹿园、大象展区、犀牛展区，还有鹦鹉雨林。鹦鹉雨林里面到处都是鸟叫声，这个叫完、那个叫，没完没了。我看到一只凤头鹦鹉，它特别孤独，便过去陪它聊了聊天，但是我也不知道它听不听得懂我说话。后来，我们去了马达加斯加丛林，那里只有两种动物，一种是鹤，一种是节尾狐猴。刚一进去，我被吓到了：几只节尾狐猴突然蹿到我面前来，我往前跑，它们还追我。这么大的地方只有两类动物居住，它们可以自由穿梭，真好。从马达加斯加丛林出来后，我们走到了爬行动物馆，这里有很多蜥蜴、蟒蛇、蛙。有好多蜥蜴都喜欢我，有一只蜥蜴我假装亲它，它很专注地看着我，我让妈妈把这幅画面拍了下来。后来妈妈假装亲它时，我也给拍了下来，结果发现，蜥蜴在看我的镜头，并没有看妈妈的脸。

天快黑了，我们依依不舍地走出了北京野生动物园。上车时，我说希望长大以后能做动物园饲养员，爸爸妈妈都说这是个不错的理想。

（此文发表于《现代教育报》2020年1月10日少年文苑版）

金萍妈妈支招

其实教养孩子跟我们做各种美食差不多：如果烘焙糕点，我们就得严谨地按配方来做，一两一克也不能有误差，否则，做出来的东西不是太苦就是太甜；如果是做中式炒菜，比如做红烧肉、炖大棒骨，我们就得随性一些，不能连加多少毫升水都去称一称，否则，所有妈妈炒出来的菜都一个味道，孩子会吃腻的。

我觉得育儿的王道在于该严谨时要严格执行规矩，需随性时一定要随性教养。孩子的成长过程是动态的，不是一成不变的，不能严苛地按某种既定的方式去教养。如果想培养出孩子的创造力、交际能力，有自己的个性，我建议家长对孩子要多一些随性，少一些严苛。

●●● 规划小结 ●●●

家长们可以反问自己：我到底希望孩子将来成为什么样的人？从小对孩子严格要求，让他成为一个严谨的人收获大，还是随性一点，给孩子自由发展的时间和空间，让他们成长为更具创造力的人更好呢？

在未来的社会，知识获取越来越容易，但是孩子怎样利用学到的知识获得个人幸福，适应社会，与品格培养有很大的关系。家长在培养孩子的品格方面要多下些功夫：该讲规矩时照规矩来，该放手时随性一点，不要把孩子教育成“刻板的老先生”。

小升初时，家长应该如何“避劣突优”

俗话说：尺有所短、寸有所长。每个孩子的性格不一样，发育的历程不一样，到六年级时，他们在学习和才艺上达到的水平也会不一样。所以，家长应该根据孩子的特点，去制订小升初的计划，尽量做到“避劣突优”。

记得女儿四年级时，看到别的家长给孩子做的小升初简历，我暗暗地收藏了几份模板，从五年级第二学期起，我也尝试着给孩子总结才艺和学习上的收获。到了六年级上学期期末，我到处求给女儿制作简历的“秘方”，还曾经找打印店的小姑娘多次请教。看到别人做的简历五颜六色，拿在手上像一本艺术类书，一打听，一本简历做下来要几十到上百元。算一下做几十本简历要花一大笔钱，我犹豫了，心想招生老师那么忙，他们真的有耐心去慢慢翻阅这些漂亮的简历吗？思索良久，我决定只做一份“避劣突优”的极其简单的简历，需要时复印几份。那个简历我只用了两页纸，正是这份独特的简历让招生老师一目了然，女儿才有幸被破格录取了。

女儿小升初时正值北京疫情突发严重期，那时候任何学校都没有招生通知，只能网上摇号。我一直提倡亲子陪伴，所以从孩子出生到小学六年级，在12年的亲子陪伴中，对她的性格、学习能力了如指掌。女儿性格开朗，学习才艺能坚持，与人交际能力不错，还有点仗义，所以她应该是“交际型”人才；并且孩子从小就有两个志愿，要么当外交官、要么当老师，所以怎么看女儿都不像是喜欢做“科研”的人。仔细比对公立学校和民办学校的师资以及办学理念之后，我想还是把女儿送入学习氛围相对宽松，而人际交往比较活跃的民办学校是最理想的。于是，我报了几所可以跨区摇号的民办学校，谁知一所学校也没摇上，看到女儿得到通知时那失望的表情，我寝食难安。第二天把孩子送到学校后，我给所有想去的民办校挨个打电话，一连串占线或打不通之后，终于有两三所学校的电话打通了。

在六年级第二学期，所有孩子小升初的资质基本定型。那么，家长在做简历时如何才能不着痕迹地避开孩子的短板，多写点孩子的优点呢？

首先家长要考虑清楚孩子初中上哪类学校，想上民办学校中的名校或者好的公立学校，还是私立学校。一般民办校或私立校会要求孩子全面发展，准备简历时就要尽量把英语、钢琴或者其他才艺罗列在第一页；上公立学校的话，孩子的文化成绩相对要好，如果有语、数、英三门的获奖证书，要把它们放在简历中最显眼的位置。

另外，写简历不用面面俱全，在写之前，把孩子六年内的收获找出来看看。市级和全国级别的获奖证书、考级证书可以写上去，证书等可以复印一份备用，没有必要把证书照片放到简历上。这些照片放在上面，招生老师不一定看，还不如只写重要的，学校需要出示原件或要求交复印件时再提交相关资料。

女儿小升初简历的第一部分，我们只写了文化素养——发表的作文和硬笔书法获得的奖项。第二部分是音乐方面的优势，包括琵琶的个人和团体奖项，还有琵琶、钢琴、乐理的考级证书。最后一部分写的是孩子的业余爱好：阅读、运动、唱京剧、参加芭蕾舞演出，以及自学绘画发表的画作和自学摄影发表的作品。至于英语方面，只写了两个信息：一是已经取得的级别证书，一是正在读的级别。

其实想选对初中，家长应该在小学阶段就规划好。孩子没有所谓的全才，不管哪方面要取得成绩，必须付出好几年的努力，所以家长不要贪多。如果发现孩子踏实好学，也喜欢钻研，说明是一块学习的料，家长可以让孩子在文化课方面再精进、提升一下。我看到很多男生小时候学习特别好，但在音乐学习方面，对乐理一窍不通，结果家长非逼着他学钢琴，还让孩子年年考级，结果孩子被钢琴弄得疲惫不堪。有些女生，她喜欢音乐、美术，不喜欢钻研数学，家长非要给她报“奥数班”，本来活泼开朗的孩子，被数学折磨得没有一点自信。还有一些孩子，他们不善言谈、不喜欢和别人交往，就喜欢画画，家长怕孩子不会交际长大了吃亏，非要给他们报小主持人班、报钢琴课，家长让孩子南辕北辙，白白浪费了时间和精力。

不管上什么初中，适合孩子的才是最好的，要相信，孩子在哪所学校都能学到东西，都能成长。

金萍妈妈支招

孩子小升初不是他一个人的事，这是全家一个重要的转折点，所以家庭成员应该及时商量，也要跟孩子时常沟通，听听他的想法。

孩子如果想在学习上有所突破，想上家附近的公立学校，家长不要一厢情愿地送他上私立初中。有的孩子，尤其是女孩，不喜欢严苛的学习环境，而且擅长与人交往，有全面发展的势头，那么家长可以考虑让她上民办或私立学校。

孩子的自理能力好，想住校的，家长要及时支持他住校，给他足够的发展空间；孩子自控能力差的，想走读，家长也不要嫌麻烦，毕竟初中、高中是孩子人生的重要阶段，错过了很难补回来。

●●● 规划小结 ●●●

家长要细心观察自家孩子的兴趣爱好，要正视孩子的优点、缺点，在上初中这件事上，要集合全家之力，也可以拉上盟友（对孩子极其熟悉又喜欢的人）出谋划策，这样能减轻小升初给家庭或个人带来的压力。

在孩子小升初前，最不妥当的做法就是让孩子放弃一切爱好，停掉所有才艺，疯狂地补习文化课，去追求“五下六上”的考试成绩。有的家长甚至把这两次考试成绩看作上一所好中学的唯一阶梯，一旦孩子没考好，家长就大打出手。

家长应该明白，不管孩子将来上哪所初中，他在六年级的学习、生活都不应该出现断层啊。

后记：如何满足孩子的“亲情需求”

回想起我们小时候，吃一顿肉，吃点从城里买的水果和点心，那就是天大的幸福。那时候我们的“亲情需求”就是吃和穿，父母努力给我们的亲情就是让孩子吃好、穿暖，让孩子有钱上学。

在如今这个经济发达的新时代，孩子们需要的“亲情需求”远远不是一顿好吃的、几件新衣服，他们真正需要的是父母的用心陪伴、真正理解以及尊重和信任。

那么，家长如何满足现代孩子的“亲情需求”呢？

首先，我们要注意对孩子进行心灵陪伴。我用了10年的时间全职陪伴孩子，并用了一年的时间写出一本记录自己全职陪伴孩子成长的书。有些家长对此感到疑惑，不时有人咨询我：一定要全职陪孩子吗？其实，我是不鼓励全职的，更不赞同辞职陪孩子。我所提倡的“心灵陪伴”，只要家长足够用心，即使在职也是可以陪伴孩子的。我们上班总有休息的时间吧？去上班的路上总要坐公交车或地铁吧？这些碎片的时间你可以看看打算让孩子阅读的书籍。每个孩子的喜好不一样，每个发展阶段需要阅读的书也不一样。家长帮着筛选图书，一方面可以给孩子节省时间，让他们吸收到更有用的营养，另一方面家长和孩子读同样的书会有很多共识，也便于亲子沟通。

节假日的时候，要注意“学玩结合”。家长不要一直让孩子上培训班，更不要为了省事，让孩子在一个培训班一待就是一整天；还有的家长一天都把孩子关在家里，让外卖送饭给孩子吃，结果孩子一天都泡在网上。其实，节假日期间，爸爸妈妈可以分工合作，一个干家务，一个带孩子去运动、阅读，或者去博物馆，如果条件允许，一家人出游肯定是最好的。

其次，家长要充分了解并理解自己的孩子。哪个孩子天生不想做得更好呢？每个孩子的长项和短板不一样。家长看到孩子的长项要鼓励他做得更好；看到孩子的短板不要打击他，要帮他去补齐，实在效果不好时，想想我们自己，大人也有自己的缺点。

再次，我们要懂得尊重孩子，把他当个“人”对待。在现在这个发达的网络时代，孩子不可能做到“唯父母话是圣旨”，所以家长的没有足够的理由之前，不要随便使用家长权威。说句实话，孩子的到来是他不能选择的，但他的离开是他自己可以做主的，父母得有足够的“吸引力”，让孩子愿意待在我们身边。

最后，我们要充分信任孩子，他们一定有自己的一片天空。我们所能做的就是陪伴和等待。同时，我们也得让自己的人生“开花”，不要把一生的希望都寄托在孩子身上。孩子的辉煌只属于孩子，我们家长只是尽了绵薄之力，而这种付出只是为人父母的本分。

一个家庭就是一支舰队，家里每个成员都要驾驶好自己的舰艇，做好自己的本职工作。只有家长不包办、越位，孩子不依赖、懒惰，我们的舰队才是无坚不摧的！